So lebe und blogge ich

1983 geboren, wuchs **Deniz Ficicioglu** im fahrradbegeisterten Münster auf. Von dort zog es sie nach Düsseldorf, genauer gesagt in die Werbung, und anschließend zum Studium der Gesellschafts- und Wirtschaftskommunikation an die Universität der Künste nach Berlin, wo sie die Welt der Markenstrategie für sich entdeckte. Seitdem spezialisiert sie sich als Strategin aufs Finden von allerlei Lösungen, auch in eigener Sache: Nach jahrelang ungeklärter Symptomatik erhielt sie 2010 die befreiende Diagnose Fructoseintoleranz und machte sich auf die Suche nach gesünderen Alternativen. So entstand auch die Idee für ihren Blog **Fructopia**, eine fructosearme Wunderwelt, in der Betroffene und Interessierte gleichermaßen kulinarische Inspiration und Information finden. »Ich möchte die Thematik Fructoseintoleranz in ein positiveres Licht rücken. Für mich war sie notwendigerweise ein Neuanfang, ein Grund, meine bisherigen Ernährungsgewohnheiten zu hinterfragen und kreativ zu werden. Wenn ich heute koche, ist deutlich mehr Geschmack und Vielfalt im Spiel. Dafür bin ich dankbar.« Seit 2013 lebt Deniz Ficicioglu in Istanbul, inmitten unterschiedlichster Einflüsse und Zutaten, die auch in ihrer zucker- und weizenfreien Küche zu Gast sind.

Das Rezept zum Coverfoto finden Sie auf Seite 115.

Deniz Ficicioglu

Fructopia

Meine besten Rezepte ohne Fructose

TRIAS

7 Gestatten, fructosefrei!

9 **Einfach essen, was gut tut**

10 Fructosearm kochen und genießen

21 **Willkommen in Fructopia!**

23 Basics

33 Ein guter Start

41 Smoothies

45 Kleine Happen für zwischendurch

55 Für Eilige

68 Für Gemütliche

88 Brunch

94 Das perfekte Dinner

101 Filmeabend

107 Süße Ausnahmen

125 Getränke

130 Danke und Teşekkürler!

131 Rezeptregister

« Flammkuchen mit Beeren-Ingwer-Soße (S. 66)

Gestatten, fructosefrei!

Die Geschichte kommt euch sicher bekannt vor: Nach vielen Monaten heftigster Symptome, von allen erdenklichen Verdauungsbeschwerden über lähmende Müdigkeit bis hin zu permanenten Kopfschmerzen, erhielt ich vor fünf Jahren endlich die erlösende Diagnose – Fructoseintoleranz. Seitdem bekomme ich immer wieder diese eine Frage gestellt: »Was kannst du denn da noch essen?«

Heute kann ich voller Überzeugung sagen: »Ganz schön viel!« Natürlich, der Abschied von Kristallzucker, Fertiggerichten und Süßigkeiten war nicht immer ganz einfach. Doch Körper und Geist danken es mir seither jeden Tag, und das Mindeste, was ich im Gegenzug leisten kann, ist, mich nicht über mein Los zu beschweren. Dafür gibt es auch gar keinen Grund. Hab ich früher gerne zu Fertigprodukten gegriffen, überlege ich heute, wie ich meinem Körper etwas Gutes tun kann. Dazu verwende ich ausschließlich unverarbeitete, naturbelassene Lebensmittel, und wenn man überhaupt von Verzicht reden kann, dann höchstens in Bezug auf kryptische »E«s, auf keinen Fall aber in Sachen Geschmack und Genuss. Statt schmerzhaft süß entdecke ich nun Tag für Tag aufs Neue kribbelig sauer, feurig scharf, saftig grün und bodenständig herb.

Über all das – wie man auch in Istanbul mit einer Fructoseintoleranz satt wird und noch mehr – berichte ich auf *Fructopia.de*, meiner kleinen Welt ohne Fructose, ohne Beschwerden, dafür aber mit reichlich Genuss und Liebe zum bewusst fructosefreien Essen. Genau um diese positive Sicht auf den Alltag mit Fructoseintoleranz geht es auch in diesem Buch: 90 Rezepte für mehr Spaß am fructosefreien Kochen und Essen.

Im Februar 2015
Deniz Ficicioglu

Einfach essen, was gut tut

Wie lässt sich die Liebe zu gutem Essen mit Fructose-intoleranz in Einklang bringen? Ihr braucht dazu nur die richtigen Zutaten und etwas Kreativität!

Fructosearm kochen und genießen

Wer hat eigentlich behauptet, dass Genuss unbedingt süß sein muss? Höchste Zeit, mit fructosearmen Zutaten neue, spannende Geschmackswelten zu erkunden.

Das Erste, was man nach der Diagnose lernt? Fructoseintoleranz ist nicht gleich Fructoseintoleranz. Ich bin immer wieder erstaunt darüber, wie sehr sich die Ernährungspläne von Betroffenen unterscheiden. Manche konsumieren nach wie vor Haushaltszucker, andere haben schon mit der sonst so verlässlichen Banane ein Problem. Jeder hat ein ganz individuelles Toleranzlevel.

Gern auch mal was Neues wagen

Mit diesem Kochbuch den Bedürfnissen jedes Einzelnen gerecht zu werden, wäre utopisch, quasi fructopisch. Nach bestem Wissen und Gewissen habe ich also versucht, den Fructosegehalt pro Gericht und Portion so gering wie möglich zu halten, damit auch Leser mit sensiblen Mägen sich trauen können, Gerichte zu probieren, die sonst nicht auf dem Speiseplan stehen.

Und bitte auf keinen Fall verzagen, wenn es beim ersten Versuch zwicken sollte. Oft muss sich der Körper erst an eine neue Zutat gewöhnen. Einer Freundin und ebenfalls FI'lerin (»FI'ler« ist übrigens die gängige Kurzform für »Fructoseintoleranzler«) habe ich mal erzählt, dass eine Handvoll Beeren (etwa Erdbeeren oder Heidelbeeren) sehr gut verträglich sind. Sie hat es ausprobiert und wurde anschließend prompt von Bauchschmerzen geplagt. Trotzdem habe ich sie ermutigt, es noch mal zu probieren, vielleicht diesmal nicht zum Frühstück, sondern vor dem Mittagessen und am besten am Wochenende, wenn man in der Regel viel Zeit und keinen Stress hat. Das Ergebnis? Keine Beschwerden und eine neue kulinarische Welt, die ihr nun offensteht.

Wenn Magen und Darm so lange Zeit gelitten haben, ist es nur verständlich, dass erst mal prophylaktisch rebelliert wird, sobald etwas Ungewohntes auftaucht. Daher teste ich Neues mindestens dreimal aus, bevor ich es verdamme, immer zu verschiedenen Tageszeiten und in anderer Kombination. Mein Standardmaß für den Test ist meine Hand. Getestet wird eine Handvoll Beeren, Honigmelone, Brokkoli etc. – nicht mehr und nicht weniger. Aber wieso nur eine Handvoll?

So seid ihr auf der sicheren Seite

Das A und O beim Kochen und Genießen mit Fructoseintoleranz ist, dass man es mit der Portionsgröße nicht übertreibt. Ich kann ein Lied davon singen, wie schwer mir dieses Spiel mit den Mengen fällt. Selbstbeherrschung bei leckerem, (in Maßen) verträglichem Essen tendiert bei mir leider gegen Null. Und oft muss ich mich selber austricksen, um es nicht zu übertreiben.

Mit dem Handmaß kann ich bereits beim Zubereiten sicherstellen, dass später nicht zu viel Fructose auf dem Teller landet. Meistens geht das gut. Manchmal kann sogar das eine Lieblingsessen, das sonst nie Probleme bereitet, der letzte Tropfen sein, der das Fass zum Überlaufen bringt. Und zack, sind sie wieder da, die höchst unangenehmen Nebenerscheinungen, darunter tagelange Verstopfungen oder Durchfall, das Gefühl, nicht klar denken zu können, sowie diese bleierne Müdigkeit und allgemeine Niedergeschlagenheit. Die verzehrte Menge, die Tageszeit und allgemeine Verfassung können mitverantwortlich sein für eine solche Reaktion. Das hat wahrscheinlich jeder von uns schon mal erlebt.

Dass es jedoch auch stark auf die Zubereitungsart ankommt, wissen viele leider nicht. Nicht immer sind Magen und Darm allein daran schuld, dass wir ein Lebensmittel schlecht vertragen. Immer öfter bereiten wir Zutaten schlichtweg falsch zu. Und damit meine ich nicht, ob nun mehr oder weniger Salz verwendet wird. Viel wichtiger ist der Faktor Zeit. Falsch zubereitet ist oft gleichbedeutend mit zu schnell zubereitet, sprich: Essen wir etwas roh oder nehmen wir uns die Zeit zum Kochen? Weichen wir Nüsse, Mehle und Getreide vor der Weiterverarbeitung ein? Machen wir Gemüse durch Fermentierung verdaulicher oder nicht?

Schon minimaler Aufwand sorgt für mehr Bekömmlichkeit

Es gibt eine Vielzahl an Methoden, welche die Verträglichkeit und vor allem die Verdaulichkeit von Lebensmitteln auf natürliche Weise verbessern. Das beste Beispiel sind Nüsse. So eine Handvoll Nüsse ist ein leckerer und einfacher Snack für zwischendurch, den man meist direkt aus der Packung nascht. Je nach Qualität und Alter sind Nüsse jedoch oft staubtrocken und somit alles andere als leicht verdaulich. Irgendwo habe ich mal Folgendes gelesen: »Wenn Wind und Wetter einem Lebensmittel nichts anhaben können, wie soll unser Magen dann damit zurechtkommen?« Das trifft es ziemlich gut. Die Haltbarkeit getrockneter Lebensmittel strebt quasi gegen unendlich. Umso mehr Zeit und Aufmerksamkeit sollten wir darauf verwenden, ihnen wieder Leben einzuhauchen.

Das geht einfacher, als man denkt. Frisches Wasser und ein paar Stunden Ruhe reichen schon aus. Auch besagte Nüsse dürfen bei mir immer erst über Nacht in einer großen Schale Wasser ihren Durst stillen, bevor sie vernascht werden.
Wer schon einmal ein paar prall-saftige Mandeln nach einer Nacht im Wasserbad probiert hat, der weiß, wieso. Meine Mitbewohner fanden das ebenfalls gut. Jeden Morgen stand jemand anderes an der Schale und knabberte ein paar frische Nüsse. Das Einweichen über Nacht ist also eine von vielen Methoden, um Lebensmittel verträglicher zu machen.

Wer jetzt jedoch komplizierte und zeitaufwendige Rezepte erwartet, den kann ich beruhigen. Am Ende sind es oft nur ein bis zwei Handgriffe mehr, gepaart mit ein wenig Vorausplanung. Scheut euch also nicht vor Rezepten, in denen fröhlich

Vorsicht bei Weizen!

Neben Fructose gibt es noch eine weitere Zutat, die ich von meinem Speiseplan gestrichen habe: Weizen. Das Ergebnis spricht für sich. Ich fühle mich seitdem viel besser, bin weniger erschöpft, und allem Anschein nach hat sich auch mein Fructose-Toleranzlevel verbessert. Die Forschungsergebnisse der Monash University in Australien, hierzu mehr im Abschnitt über »Dinkel« (Seite 16), sind unmissverständlich: Weizen und Roggen führen bei FI-Betroffenen fast immer zu Symptomen und sind somit tabu. Testet doch einfach einmal aus, wie es euch mit dem Verzicht auf Weizen geht.

eingeweicht, gekeimt oder fermentiert wird. Andere Rezepte wiederum werden eher durch den bewussten Austausch von Zutaten verdaulicher. So verwende ich z. B. Hafer- und Reis- statt Kuhmilch oder Dinkel- statt Weizenmehl (siehe Kasten Seite 12). Also traut euch, probiert Neues aus, spielt mit den Rezepten und hört dabei auf euren Bauch. So habt ihr schnell raus, welches der Rezepte ihr eventuell anpassen müsst und welches nicht.

Die üblichen Verdächtigen

Damit ihr nicht in Versuchung kommt, eines der größten Problemkinder bei Fructoseintoleranz zu probieren, haben wir die Zwiebel gar nicht erst eingeladen. Da sie bei fast jedem FI'ler zu Beschwerden führt, sind alle Rezepte in diesem Buch komplett zwiebelfrei. Stattdessen werden eure Geschmacksknospen mit anderen Gewürzen beglückt, die außerdem oft für ihre Heilwirkungen bekannt sind.

Knoblauch hingegen wird euch dennoch in dem einen oder anderen Gericht begegnen. Wenn, dann allerdings in besonderer Form: nämlich als fermentierter Knoblauch, siehe Rezept »Eingelegter Knoblauch« (Seite 30). Etwas milder im Geschmack als die frischen Zehen, aber doch mit deutlichem Knoblaucharoma versehen, bereitet fermentierter Knoblauch bei Fructoseintoleranz so gut wie keine Probleme! Anfangs war ich selbst skeptisch, aber es stimmt tatsächlich. Willkommen zurück, du geliebter Knoblauchgeschmack! Also am besten gleich Knoblauch kaufen und ein Glas voll ansetzen. Bis Knoblauch fermentiert ist, dauert es nämlich drei bis vier Wochen.

Neben Zwiebeln und Weizen sucht man auch Kristall- bzw. Haushaltszucker in diesem Buch vergeblich. Wenn ich in meinen Rezepten überhaupt auf ein Süßungsmittel zurückgreife, dann ist Reissirup (Seite 19) meine erste Wahl. In seltenen Fällen darf es aufgrund von Struktureigenschaften auch mal Traubenzucker sein. Da FI'ler jedoch immer häufiger auch über Beschwerden mit Traubenzucker berichten, wird er so sparsam wie möglich eingesetzt.

Zwei Tipps, wenn doch mal Fructose im Spiel ist

Im Laufe der Zeit habe ich außerdem zwei Tricks kennengelernt, die ihr bei euren neuen Kochabenteuern im Hinterkopf behalten solltet. Erstens, Fructose ist wasser-, aber nicht öllöslich. In Öl gebratener Knoblauch gibt zwar seinen Geschmack an das Öl ab, aber nicht die Fructose. Wird der Knoblauch vor dem Servieren aus dem Öl genommen und nicht mitgegessen, bleibt alles im grünen Bereich. Gibt man Zwiebeln oder Knoblauch aber in die Suppe, geht die Fructose in das Wasser über. Je nach verwendeter und verzehrter Menge kann es in diesem Fall zu Beschwerden kommen.

Zweitens, Fett hilft bei der Verdauung. Immer wieder hört man davon, dass Fett dabei hilft, speziell Fructose besser zu verdauen. Auch ich fahre bisher ganz gut mit dieser Strategie. So gebe ich jedem Gericht immer auch gutes Fett in Form von Kokosöl, Ghee – das ist eine Art ayurvedisches Butterschmalz, das ihr im Bioladen bekommt oder ganz einfach selber zubereiten könnt (Seite 24) –, Avocados, Nüssen, Oliven- oder Leinsamenöl bei. Sogar auf den morgendlichen Haferbrei mit Himbeeren (Seite 35) gebe ich etwas Ghee, was wider Erwarten auch noch super schmeckt.

Mit diesen Tipps und den Infos aus der »Kleinen Zutatenkunde« auf den folgenden Seiten seid ihr nun ausreichend gewappnet, um euch in die Küche zu begeben und ein paar köstliche fructosearme Kochabenteuer zu erleben. Viel Spaß dabei!

Kleine Zutatenkunde

Jedem von uns ist wahrscheinlich beim Durchblättern eines Kochbuchs schon mal derart das Wasser im Munde zusammengelaufen, dass er sich am liebsten sofort die Küchenschürze umgebunden hätte. Leider wird die Begeisterung nicht selten dadurch gedämpft, dass die Zutatenliste eine oder mehrere dieser unbekannten, schwer zu beschaffenden, manchmal auch teuren Dinge enthält, die man gewöhnlich nicht einfach so zu Hause herumstehen hat. Auch ein paar der in diesem Buch verwendeten Zutaten mögen auf den ersten Blick exotisch anmuten. Aber keine Angst, Staubfänger holt ihr euch damit nicht ins Haus. Denn die folgenden Zutaten schmecken nicht nur gut, sie sind auch allesamt gut verträglich und vielseitig einsetzbar, sodass ihr sicher bald für Nachschub sorgen müsst.

Chia-Samen reichern zum einen leckere Smoothies an, z. B. den Sonnen-Smoothie (Seite 42), durch ihre Bindefähigkeit eignen sie sich aber auch gut als Ei-Ersatz, z. B. für gebackenes Oatmeal (Seite 35). Das meiste findet ihr im gut sortierten Supermarkt oder online. Den Gerichten in diesem Buch verleihen diese unbekannten Zutaten oft den letzten Schliff, ganz zu schweigen von den vielen gesundheitsfördernden Eigenschaften, die sie mitbringen.

Hört auf euren Bauch

Das Wichtigste aber ist: Lasst euch den Spaß am spontanen Kochen nicht durch eine bestimmte Zutat nehmen. Am besten, ihr verlasst euch auf euer Bauchgefühl: »Taste ich mich vorsichtig heran?«, »Lasse ich eine Zutat weg?«, »Tausche ich lieber etwas aus?« Ganz egal, ob ihr genau nach Zutatenliste kocht oder eine kreative Variante ausprobiert, lecker wird es allemal. Ziel ist, dass ihr diese Zutaten irgendwann so selbstverständlich nutzt wie Salz und Pfeffer. Wer dann noch um ihre unterschiedliche Wirkung auf

Magen und Darm weiß, kann Blähbauch, Übelkeit und Co. gezielt ein Schnippchen schlagen. Nahrungsmittel sind eben nicht immer nur Auslöser von Symptomen, sie können auch dabei helfen, angestaute Gase zu lösen und andere Symptome zu lindern. Und nun ein paar nützliche Infos zu den von mir in diesem Buch verwendeten, manchmal raren kulinarischen Zutaten.

Amaranth. Die winzigen glutenfreien Körner sind reich an essenziellen Aminosäuren, Eisen, Magnesium, Kalzium und Zink. Ob als ganzes Korn, gepufft oder in Form von Flocken: Amaranth verfeinert jedes Müsli.

Anis zählt wie Asant, Kreuzkümmel, Kardamom, Koriander und Fenchel zur Gruppe der Karminativa: Blähungstreibende Mittel, die schmerzhafte Gasansammlungen in Magen und Darm lösen, allgemein die Verdauung unterstützen und Zwölffinger- und Dickdarm entspannen, wodurch das Aufstoßen erleichtert und allgemeiner Druck abgebaut wird.

Asant. Die Gewürzpflanze, auch bekannt als »Asafoetida« oder »Teufelsdreck«, verleiht Gerichten in gebratener Form ein mildes Zwiebel- und Knoblaucharoma, ist aber auch für seine positiven Eigenschaften bei Verdauungsstörungen und damit verbundenen Flatulenzen bekannt. Asant wird überwiegend zum Würzen von Hülsenfrüchten, Fleischgerichten und schwer verdaulichen Lebensmitteln verwendet. Es sollte sparsam eingesetzt und in jedem Fall kurz in Fett (z.B. Ghee) angebraten werden, wodurch es einen Teil seines beißenden Geruchs verliert. Im Ausland hergestelltes Asant wird leider oft mit Weizenmehl vermahlen. In Deutschland wird es meist in Kombination mit Bockshornklee angeboten, was wesentlich verträglicher ist. Beim Kauf also unbedingt die Zutatenliste studieren. Achtung: In der Schwangerschaft solltet ihr auf die Einnahme von Asant unbedingt verzichten, da es menstruationseinleitend wirken kann.

Blütenpollen. Dieses Naturwunder ist von Bienen gesammelter und zu Kügelchen gepresster Blütenstaub, der bei der Honigproduktion quasi hintenüberfällt. Reich an sämtlichen Vitaminen, Mineralien und Proteinen, ist es zugleich ein natürliches Antihistaminikum, das Linderung bei vielen Allergien verspricht. In jedem dieser Kügelchen steckt der Geschmack einer gesamten Blumenwiese. Blütenpollen passen übrigens perfekt zu Smoothies oder Schokoladendesserts.

Brennnessel. Die stechende, oft als Unkraut abgestempelte Pflanze wirkt lindernd bei Harnwegserkrankungen und wird im Frühling gerne zu entgiftenden Frühjahrskuren eingesetzt. Reich an Kalium und pflanzlich gebundenem Eisen, wirkt Brennnessel blutbildend und vitalisierend. Gekocht oder klein gehackt verliert sie ihre stechende Wirkung und kann so ohne Bedenken verzehrt werden.

Buchweizen. Der Geschmack mag gewöhnungsbedürftig sein. Hat man sich aber einmal erfolgreich angenähert, finden Buchweizenmehl und -schrot schnell ihren Weg in die Alltagsküche. Buchweizen ist vielseitig einsetzbar, sättigend und botanisch gesehen gar kein Getreide, sondern als Knöterichgewächs mit dem Rhabarber verwandt und somit glutenfrei. Buchweizen ist außerdem reich an Magnesium, Eisen und hochwertigen pflanzlichen Eiweißen.

Chia-Samen. Kleine Samen mit großer Saugkraft: Chia-Samen können bis zum zehnfachen ihres Eigengewichts an Flüssigkeit aufnehmen und machen so aus jedem Getränk ganz schnell einen sättigenden Pudding. Auch Smoothies und Backwaren werden durch Chia-Samen ordentlich mit Nährstoffen wie Omega-3- und -6-Fettsäuren, Protein, Eisen und Kalzium aufgewertet.

Dinkel. In Deutschland gilt laut aktuellem Forschungsstand, dass sämtliche Getreidesorten für FI'ler geeignet sind. Die Monash University in Australien, eine der führenden Institutionen im Bereich der Lebensmittelunverträglichkeiten, hat jedoch festgestellt, dass eine Unverträglichkeit selten alleine daherkommt und Weizen bei einem Großteil der FI-Betroffenen für erhebliche Probleme sorgt. Dinkel, eine Art Urweizen, ist wesentlich besser verträglich und nährstoffreicher als herkömmlicher Weizen. Falls die Rezepte in diesem Buch eine Form von Weizen erfordern, habe ich ausschließlich Dinkelmehl verwendet.

Ein wunderbarer Reisebegleiter: Chia-Samen

Ihr seid auf Reisen, der Magen knurrt, die Laune sinkt, die Energie auch und leider ist mal wieder kein Proviantpaket dabei. Was nun? Alles, nur bitte nicht das Stück Pizza aus dem Food-Court. Stattdessen lieber prophylaktisch einen Teebeutel und ein kleines Tütchen mit 2–4 Esslöffeln Chia-Samen vor der Abreise in der Handtasche verstauen. Chia-Samen müssen nicht immer erst über Nacht im Kühlschrank quellen. Auch wenn es schnell gehen muss, entfalten sie ihre sättigende Kraft. Lasst euch im Flugzeug einfach einen Becher mit heißem Wasser geben, bereitet euren mitgebrachten Tee damit zu und gebt anschließend die Chia-Samen dazu. Umrühren, 2 Min. quellen lassen und fertig ist der Snack. Das sollte euch erst mal über Wasser halten, bis wieder Licht am fructosefreien Horizont erscheint.

Erdmandel (auch bekannt als Chufa oder Tigernuss). Botanisch gesehen ist die Erdmandel gar keine Nuss, sondern eine stark ölhaltige Knolle und somit auch für Nussallergiker geeignet. Sie besitzt eine angenehme Natursüße, die sehr gut bekömmlich ist und jedes Müsli auf ein neues Level hebt. Erdmandeln enthalten viel Vitamin C und E und wirken verdauungsfördernd. Die Flocken könnt ihr einfach ins Müsli oder statt Mandelmehl in den Kuchen rühren. Als ganze Nuss ist die Erdmandel ein energiespendender Snack für zwischendurch.

Fenchel ist Spezialist bei Blähungen und verschafft schnell Abhilfe bei angestauten Gasen und krampfartigen Magen-Darm-Beschwerden. Dazu die Körner kurz ohne Fett anrösten und zum Tee aufgießen oder unter gebratenes Gemüse mischen.

Flohsamenschalen. Die verdauungsfördenden Flohsamenschalen eignen sich hervorragend zum Andicken von Smoothies oder zum Binden von glutenfreiem Backwerk. Wie bei Leinsamen empfiehlt sich auch hier, reichlich dazu zu trinken, damit die Samen gut aufquellen und ihre volle Wirkung entfalten können.

Ghee (geklärte Butter). Frei von Milchproteinen und Wasser, eignet sich geklärte Butter bestens zum Braten und gibt jedem Gericht eine feine, buttrige Note. Ghee ist reines Fett, das auch von Lactoseintoleranzlern gut vertragen wird. Da der Rauchpunkt von Ghee höher liegt als bei gewöhnlicher Butter oder gar Olivenöl, kann man es sehr gut zum Braten und Frittieren verwenden, ohne dass man eine schädliche Acroleinentwicklung oder die Zerstörung hochwertiger Inhaltsstoffe befürchten muss. Ob für Rührei oder gebratenes Pastrami (Seite 59): Wenn es mal nicht nach Kokosöl schmecken soll, kommt bei mir nur Geklärtes in die Pfanne. Noch mehr Informationen findet ihr beim eigentlichen Rezept (Seite 24).

Hafer. Die Getreidepflanze stärkt den gesamten Organismus, ist äußerst gut verträglich und hilft, Magen-Darm-Beschwerden zu lindern. Und wie schon ein altbekanntes Sprichwort besagt: Warmer Haferbrei am Morgen vertreibt Kummer und Sorgen.

Hanfsamen. Leicht und nussig im Geschmack, können Hanfsamen in vielen Gerichten mitmischen, jedoch bevorzugt in Begleitung von Bananen. Die kleinen Samen sind reich an Aminosäuren, essenziellen Fettsäuren und lebenswichtigen Mineralien, wirken entzündungshemmend und verdauungsfördernd und stärken das Immunsystem. Eine euphorisierende Wirkung haben Hanfsamen aber mit Sicherheit nicht, denn für die Nahrung eingesetzter Hanf enthält so gut wie kein THC. Im Supermarkt habt ihr oft die Wahl zwischen geschälten und ungeschälten Hanfsamen. In diesem Buch kommt ausschließlich die geschälte Variante zum Einsatz.

Heidelbeeren. Während frische Heidelbeeren leicht abführend wirken, sind getrocknete Heidelbeeren ein altbekanntes Hausmittel bei Durchfall. Reich an Antioxidanzien, sollen sie Zellen vor Schäden und Mutation schützen.

Ingwer. Dass Ingwer im Winter von innen wärmt und das Immunsystem stärkt, hat wohl jeder schon einmal gehört und erlebt. Mit ihren ätherischen Ölen und Bitterstoffen leistet die Wurzel zudem auch Abhilfe bei Übelkeit, Verdauungsbeschwerden, Blähungen und Krämpfen. Achtet beim Kauf darauf, dass die Ingwerwurzel frisch ist: Sie sollte nicht verschrumpelt oder feucht sein und an den Schnittstellen deutlich nach Ingwer riechen.

Kokosöl. Äußerst hitzebeständig, sorgt Kokosöl für frischen Wind in der Küche. Kuchen werden wunderbar saftig und Gebratenes erhält einen karibischen Touch. Aber nicht nur zum Kochen ist Kokosöl ein wahrer Geheimtipp. Auch bei leichten Sonnenbränden gibt es für mich kein besseres Mittel. Einfach die betroffenen Stellen mehrfach mit etwas Kokosöl einreiben und am nächsten Tag mit samtiger, wohlriechender und unverbrannter Haut aufwachen.

Kurkuma (Gelbwurzel). Zu Unrecht nur als Currygewürz bekannt, hat Kurkuma eine ganze Reihe gesundheitsfördernder Eigenschaften zu bieten. So unterstützt sie die natürliche Entgiftung des Körpers und wirkt entzündungshemmend und beruhigend auf Magen und Darm. Wissenschaftlichen Studien zufolge beugt regelmäßiger Verzehr sogar einer Alzheimer-Erkrankung vor. Habe ich die Wahl zwischen dem getrockneten Pulver und der frischen Kurkumawurzel aus dem Biomarkt, wähle ich Letztere. Die frische Wurzel schmeckt mir persönlich am besten.

Kreuzkümmel. Neben Anis, Fenchel und anderen Karminativa ist Kreuzkümmel, auch Kumin genannt, mit Abstand das beste pflanzliche Mittel gegen Blähungen. Einfach über den Salat oder auf das Butterbrot streuen. Passt auch zu Kartoffel- und Lammgerichten.

Lavendel. Nicht nur gegen Motten helfen diese schönen fliederfarbenen Blüten, auch bei nervösem Magen, Blähungen und Einschlafbeschwerden wirkt Lavendel beruhigend und entspannend.

Meerrettich. Bekannt als »Penicillin aus der Küche«, enthält die Meerrettichwurzel viel Vitamin C, Kalium und vor allem antibiotisch wirkende Senföle, die bei Erkältungen und Atemwegserkrankungen helfen und die Verdauung fördern. Am besten kauft man im Herbst oder Winter eine frische Wurzel und lagert diese, in feuchte Küchentücher eingewickelt, griffbereit im Kühlschrank. Zum Würzen reicht es oftmals schon, ein bis zwei Zentimeter der Wurzel zu schälen und in das jeweilige Gericht zu reiben.

Melisse. Die ätherischen Öle der Melisse wirken entspannend und sorgen für einen ruhigen Schlaf. Die in der Melisse enthaltenen Bitterstoffe hingegen regen die Verdauung an und sind tolle Helferlein bei Blähungen.

Pfefferminze. Egal ob man bloß etwas zu viel gegessen oder sich richtig den Magen verdorben hat, aufgebrüht als frischer Tee sorgt Pfefferminze schnell für Abhilfe. Auch krampfartige Magen-Darm-Beschwerden und Blähungen löst sie wirkungsvoll.

Quinoa. Botanisch gesehen ist die Quinoapflanze verwandt mit Spinat, sie zählt, wie auch Amaranth und Buchweizen, zu den sogenannten Pseudogetreiden. Quinoa, das »Korn der Inka«, ist glutenfrei, schnell und unkompliziert zubereitet und verwandelt jeden Salat in eine vollwertige und sättigende Mahlzeit.

Reissirup. Von Natur aus fructosefrei und vegan, wird Reissirup aus gekochtem und fermentiertem Reismehl hergestellt. Reissirup ist weniger süß als herkömmlicher Haushaltszucker und hat eine angenehme Karamellnote. Er ist mein bevorzugtes Süßungsmittel zum Verfeinern von Kuchen, Desserts und Soßen.

Rosmarin. Wer ständig friert, sollte seinen Tag mit einer Tasse Rosmarintee beginnen. Rosmarin verspricht Hilfe bei niedrigem Blutdruck und Kopfschmerzen und gilt allgemein als verdauungsfördernd und krampflösend.

Schwarzer Sesam. Der kleine Bruder des weißen Sesams enthält sechsmal so viel Kalzium wie Milch und ist in China seit Langem als Well-Aging-Mittel bekannt. Angeröstet verfeinert er sowohl süße wie auch salzige Gerichte.

Zum Schluss sollen natürlich auch die wichtigsten Küchenhelfer im Umgang mit all diesen wunderbaren Zutaten nicht unerwähnt bleiben. Sie sorgen dafür, dass sich der zeitliche Aufwand bei unseren Kochabenteuern absolut in Grenzen hält: Stand- oder Stabmixer, Kräuter- und Nusszerkleinerer, Mörser.

Willkommen in Fructopia!

Hier kommen meine Lieblingsrezepte: vielseitig, bekömmlich und lecker. Probiert sie einfach aus oder lasst euch von ihnen inspirieren.

Basics

Wer hätte das gedacht: Einige Dinge des täglichen Bedarfs, Fertigprodukte, auf die wir lieber verzichten sollten, können wir fructosefrei selbst herstellen. Und zwar mit viel weniger Aufwand als erwartet! Da hätte ich mir die jahrelangen Supermarkt-Kompromisse auch sparen können. Die verzweifelte Suche nach gekörnter Brühe frei von Zwiebeln, Zucker, Hefeextrakt oder Staudensellerie, oder nach Senf, der ohne Branntweinessig hergestellt wurde. Die Liste ist lang und ruft sicher nicht nur bei mir Schweißausbrüche hervor. Doch sowohl die vergebliche Suche als auch die ungewollten körperlichen Reaktionen haben ab sofort ein Ende. Im Folgenden werdet ihr erfahren, wie ihr zu Hause gekörnte Brühe, fermentierten Knoblauch oder auch fructosefreie Marmelade herstellen könnt. Zeit, von ein paar weiteren Fertigprodukten Abschied zu nehmen, und Zeit, ein paar Dinge mehr in die eigene Hand zu nehmen.

« Gekörnte Brühe (Seite 25)

Ghee

» Ghee riecht wie Butter, hat dieselbe Farbe wie Butter, schmeckt aber zehnmal besser und kommt ganz ohne Milchzucker und -eiweiß aus, denn diese werden während des Kochvorgangs fein säuberlich vom Fett getrennt. Das Ergebnis: goldgelbes Ghee, das sich hervorragend zum Braten und Frittieren eignet.

Für 700 ml Ghee
⏲ 70 Min.

- 1 kg Biobutter
- ½ TL ganze Pfefferkörner
- 1 EL Kurkuma, gemahlen

● Butter in einem Topf mit schwerem Boden bei mittlerer Hitze schmelzen lassen. Die Pfefferkörner dazugeben und die Hitze etwas herunterdrehen. Nicht umrühren. Anfangs wird die Butter mächtig gluckern, da das Wasser aus der Butter verdunstet. Die Butter nun mindestens 50–60 Min. bei geringer Hitze köcheln lassen. Da jeder Herd und jeder Topf anders ist, werft gerade beim ersten Zubereiten regelmäßig ein Auge auf das Ghee, damit nichts anbrennt.

● Sobald sich unter dem Schaum eine glasklare und goldgelbe Flüssigkeit zu erkennen gibt, ist das Ghee fertig.

● Den Topf von der Platte nehmen, den Schaum an der Oberfläche abschöpfen und entsorgen. Kurkuma dazugeben, wieder ohne dabei umzurühren. 10 Min. stehen lassen.

● Das Ghee durch ein sehr feines Sieb in sterilisierte Gläser abfüllen. Die letzte halbe Kelle Ghee im Topf lassen und zusammen mit den Eiweißresten am Boden entsorgen. Falls ihr kein sehr feines Sieb habt, könnt ihr auch einen Trichter mit einem Kaffeefilter auskleiden, in den ihr mit einer Nähnadel einige Löcher gestochen habt. Vor dem Verschließen der Gläser das Ghee vollständig auskühlen lassen. Ghee wird bei Zimmertemperatur aufbewahrt. Richtig zubereitet hält sich das Ghee ewig und drei Tage.

Tipp Ghee gibt es natürlich auch schon fertig im Supermarkt zu kaufen. Wer jedoch ein paar Euro sparen möchte, macht es lieber selbst. So kommt man in den Genuss, ein Stück Dinkelbrot in einen goldenen See noch warmen Ghees dippen zu können. Zum Dahinschmelzen!

Gekörnte Brühe

» Gekörnte Brühe voller Zucker, Zwiebeln und Milchpulver – nein danke. Hat man jedoch keine verträgliche Brühe zur Hand, wird ein gutes Risotto schnell zur Herausforderung. Damit ist nun Schluss. Mit diesem Rezept für hausgemachte Brühe entscheidet ab jetzt ihr allein, was in den Suppentopf kommt. Stellt euch eure ganz persönliche Lieblingsmischung zusammen.

Für ca. 2 Gläser Brühe
⏲ 40 Min. + 120–180 Min. Backzeit

Frisches Gemüse und Gewürze:
- 1 mittelgroße Sellerieknolle (ca. 500 g)
- 1–2 rote Paprika (ca. 400 g)
- 3 große Möhren (ca. 300 g)
- 2 Pastinaken (ca. 200 g)
- 1 Stück Ingwer
- 1 Bund Petersilie
- 1 Bund Dill
- ½ Bund Basilikum
- ½ Bund Majoran
- 1 EL Korianderkörner
- 1 EL schwarze Pfefferkörner
- 3 Lorbeerblätter ohne Blattstiel
- 1 EL Senfkörner
- Meersalz

Getrocknete Kräuter:
- 2 EL Kerbel
- 1 EL Liebstöckel
- 1 TL Kurkuma
- 1 TL Thymian
- 1 TL Fenchel

● Das Gemüse und den Ingwer schälen bzw. waschen und in kleine Würfel schneiden. Petersilie, Dill, Basilikum und Majoran waschen, trocken tupfen und grob hacken. Koriander, Pfeffer, Lorbeerblätter und Senfkörner im Mörser zermahlen.

● Gemüse, Kräuter und Gewürze in eine Schüssel geben und abwiegen (Schüsselgewicht rausrechnen). Pro 100 g Gemüse etwa 10 g Meersalz dazugeben und alles gut verrühren. Das Gemüse in ein sehr feines Sieb geben, 15 Min. abtropfen lassen.

● Das abgetropfte Gemüse mit dem Stabmixer grob pürieren. Die Gemüsemasse auf 2–3 mit Backpapier ausgelegten Backblechen dünn verstreichen. Im Ofen bei 90 °C Umluft ca. 3 Stunden trocknen lassen, dabei die Ofentür einen Spalt breit offen lassen. Das Gemüse alle halbe Stunde mit einem Spatel durchmischen, es sollte zum Schluss staubtrocken sein.

● Das ausgekühlte Gemüse und die getrockneten Kräuter mit dem Stabmixer mahlen und in luftdichte Gläser füllen. Hält sich richtig zubereitet etwa 1 Jahr.

Sprossen-Allerlei

Die wohl einfachste Methode, einem Gericht auf fructosearme Weise mit Nährstoffen und Geschmack zu neuen Bestleistungen zu verhelfen? Natürlich mit Sprossen.

Sprossen sind zarte Pflänzchen, die innerhalb weniger Tage vom trockenen Samen zum energiestrotzenden Keimling heranwachsen. Sie schmecken nicht nur gut, jede einzelne birgt auch wertvolle Enzyme, Vitamine, Mineralien und Spurenelemente. Sprossen sind zudem frei von Schadstoffen und durch den enzymatischen Vorgang wie vorverdaut. Sprich, Sprossen machen Mägen glücklich. Da wundert es nicht, dass mein Keimglas rund um die Uhr im Einsatz ist. So sind immer ein paar Sprossen griffbereit für die schnelle Stulle, den frischen Salat oder als Suppengarnitur. Hier ein paar meiner Lieblingszöglinge:

Braunhirse

Einweichen: 12 Stunden
Spülen: 2-mal täglich
Ernten: nach 2–3 Tagen

Brokkolisamen

Einweichen: 8 Stunden
Spülen: 2-mal täglich
Ernten: nach 3–4 Tagen

Kichererbsen

Einweichen: 12–18 Stunden
Spülen: 2- bis 3-mal täglich
Ernten: nach 2–4 Tagen

Mungobohnen

Einweichen: 12 Stunden
Spülen: 2- bis 3-mal täglich
Ernten: nach 3 Tagen

Sonnenblumenkerne

Einweichen: 6–10 Stunden
Spülen: 2-mal täglich
Ernten: nach 1 –2 Tagen

Anleitung zum Ziehen der Sprossen:

- Die Samen in einer Schale mit reichlich frischem Wasser einweichen. Nach der Einweichzeit gründlich abspülen, ins Keimglas geben und während der nächsten Tage regelmäßig spülen.
- Die Sprossen nach angegebener Erntezeit sofort verbrauchen oder in ein feuchtes Küchenkrepp eingewickelt in der Vorratsdose im Kühlschrank lagern. Durch die Lagerung im Kühlschrank wird der weitere Keimprozess verlangsamt. Im Kühlschrank halten sich die Sprossen bis zu einer Woche.

Keimgläser bekommt ihr mittlerweile für wenig Geld in jedem Bio- oder Drogeriemarkt. Alternativ könnt ihr die Sprossen aber auch in einer weiten Schale, die ihr mit Küchenpapier abgedeckt haltet, züchten. Achtet lediglich darauf, dass die Keimlinge nicht im Wasser stehen oder austrocknen.

Und hier kommt mein Lieblingssprossensalat:

Regenbogensalat

» Von nussig bis scharf, von grün bis purpur: Dieser Salat bringt alle Sinne zum Tanzen.

Für 1 Portion
10 Min.

1 Handvoll frische Kräuter, z. B. glatte Petersilie, Thai-Basilikum, Minze • ½ gelbe Paprika • ¼–½ Avocado, je nach Toleranzlevel • etwas Ziegenfeta (optional) • 1 Handvoll Babyspinat • ½ Handvoll frische Sprossen, z. B. Brokkolisprossen • 2 EL gekeimte Sonnenblumenkerne
Dressing: Saft einer ½ Zitrone • 1–2 EL Olivenöl • 1 Prise Himalayasalz • 1 Prise Sumac • reichlich Pfeffer, frisch gemahlen

- Kräuter grob hacken. Paprika, Avocado und Feta in Würfel schneiden und mit den restlichen Zutaten in eine Schüssel geben.

- Die Zutaten für das Dressing verrühren, über den Salat gießen und sofort schmecken lassen.

Schnelle Chia-Marmelade ohne Kochen

» Was ist das für eine Marmelade ohne Einkochen und Zucker? Der Dank geht mal wieder an unser Aztekenkorn, die Chia-Samen. Diese pumpen unser Früchtemus ordentlich auf, verleihen ihm eine dickflüssige Konsistenz und dazu eine ordentliche Ladung Nährstoffe.

Für 1 Glas
10 Min. + 8 Std. Kühlzeit

- 250 g Früchte, z. B. Erdbeeren, Himbeeren, Johannisbeeren
- 20 g Chia-Samen
- Reissirup nach Geschmack

● Die Früchte waschen, gegebenenfalls schälen, pürieren und in eine Schale geben.

● Das Früchtemus mit den Chia-Samen vermischen und über Nacht im Kühlschrank fest werden lassen.

● Am nächsten Tag die Chia-Marmelade auf Einmachgläser verteilen und im Kühlschrank lagern. Dort hält sie sich etwa 3 Tage.

Tipp Die Chia-Marmelade passt perfekt aufs Brot und mischt sich bevorzugt unter Joghurt und Müsli. Gern macht sie sich auch mal in Form eines geschmeidigen Himbeer-Vanille-Traums, siehe Rezept »Himbeerpudding« (Seite 118), zurecht. Als Grundlage funktioniert fast alles, was das Früchteherz begehrt und verträgt. Ich verwende bevorzugt Beeren, Papaya oder Kiwi.

Eingelegter Knoblauch

» Fermentiertes Gemüse ist zurzeit wegen seiner wohltuenden Wirkung auf Magen und Darm in aller Munde. Klar, der natürliche Instinkt eines jeden FI'lers sagt erst mal »Finger weg!« Auch ich habe mich lange Zeit nicht an gegärtes Gemüse herangewagt. Zu Unrecht, mittlerweile esse ich regelmäßig fermentierten Knoblauch, ganz ohne Nebenwirkungen. Denn durch den Fermentierungsprozess wird der Knoblauch »vorverdaut« und somit viel verträglicher! Fangt bitte mit kleinen Portionen an und macht zwischendurch ein paar Tage Pause, damit sich euer Körper an die neue Kost gewöhnen kann.

Für 3–4 Knoblauchknollen

⏲ 20 Min. + 21–30 Tage Gärzeit

- 3 ½ g Himalaya- oder Meersalz pro 100 ml Wasser
- 3–4 Knollen frischer Bio-Knoblauch, je nach Größe eures Marmeladenglases

Zubehör:

- 1 sterilisiertes Einmachglas mit Bügelverschluss oder Marmeladenglas mit Schraubverschluss

● Je nach Größe eures Glases ca. 10 g Salz in 300 ml warmem Wasser auflösen, auf Raumtemperatur abkühlen lassen.

● Den Knoblauch schälen, dabei den unteren Stumpf der Zehe nicht entfernen. Die Zehen in das vorbereitete Glas geben und mit dem Salzwasser auffüllen. Etwa 2 cm Luft bis zum Rand lassen und mit dem passenden Deckel verschließen. Wichtig: Der Knoblauch sollte zu jedem Zeitpunkt unter Wasser bleiben, also nicht an der Oberfläche schwimmen.

● Das Glas etwa 4 Wochen bei Zimmertemperatur stehen lassen. Wenn der Knoblauch nach einigen Tagen anfängt zu blubbern, ist das ein gutes Zeichen.

● Um den angestauten Druck entweichen zu lassen, solltet ihr das Glas alle 5–7 Tage öffnen. Dabei das Glas über das Waschbecken halten, denn je nachdem, in welchem Gärstadium der Knoblauch ist, schäumt die Flüssigkeit manchmal über.

● Nach 4 Wochen, wenn die Zehen dunklere Stellen haben, ist der Knoblauch verzehrfertig. Ab jetzt solltet ihr das Glas im Kühlschrank lagern, wodurch der Gärvorgang verlangsamt wird.

Hausgemachter Senf ohne Branntweinessig

» Was des Deutschen Senf ist, ist des Türken Petersilie. Blättert man durch türkische Kochbücher, wird schnell klar, woher diese Assoziation stammt: Die Petersilie mischt sich einfach überall ein. Leider mischen sich oft noch ganz andere Dinge unter den geliebten Senf aus der Tube. Daher wollen wir jetzt einfach mal Senf zubereiten, in dem auch wirklich Senf drin ist. Aber denkt jetzt bitte nicht, dass ich mich hier in eure Essgewohnheiten einmischen möchte.

Für ca. 300 ml Senf
5 Min. + 12 Std. Ziehzeit

- 100 g gelbe Senfsamen
- 50 g schwarze Senfsamen
- 130 ml Wasser
- 30 ml Reisessig
- 1–2 EL Reissirup (optional)
- ¼ TL Salz
- 9 EL Wasser

- Senfsamen, Wasser und Reisessig in eine Schale geben und abgedeckt über Nacht stehen lassen.

- Am nächsten Tag die Senfsamen mit den restlichen Zutaten im Mixer pürieren. Wenn der Senf zu dickflüssig ist, gibt man etwas Wasser dazu, 1 Teelöffel nach dem anderen.

- Den fertigen Senf in ein passendes Glas mit Schraubverschluss füllen. Im Kühlschrank aufbewahrt, hält sich der Senf etwa 6 Monate.

Ein guter Start

Jeder neue Morgen bedeutet für mich Tabula rasa und ist meine persönlich schönste Zeit am Tag. Meist konnte sich der Bauch über Nacht entspannen und auch vermeintliche Schwangerschaftsbäuche sind am Morgen wieder verschwunden. Jeden Tag aufs Neue bekommen wir die Chance, alles richtig zu machen und unserem Bauch nur Gutes zu tun. Leider macht einem manchmal die Gewohnheit oder der Zeitdruck einen Strich durch die Rechnung. Mancher isst also das, was er schon immer gegessen hat, das, was halt da ist, oder auch mal gar nichts – ganz nach dem Motto: Wie man den Tag bei einer Fructoseintoleranz nicht beginnen sollte.

Dabei ist eigentlich alles ganz einfach: Um das morgendliche Magenglück so lang wie möglich beizubehalten, wird mein Verdauungstrakt jeden Morgen mit fructosearmen Köstlichkeiten gestreichelt. Alles, was warm, weich püriert oder eingeweicht ist, findet er mehr als klasse. Egal wann, wie und wo, ohne Frühstück gehe ich nur noch in Notfällen aus dem Haus. Sättigend soll es also sein, lieb zum Magen und glücklich machen sowieso. Ein paar meiner Lieblinge findet ihr auf den nächsten Seiten.

« Starke Ritter mit Lachs und Babyspinat (Seite 38)

Falsches Birchermüsli

» Und wer hat's erfunden? Jaja, die Schweizer wussten schon immer, was gut ist. Vor allem wussten sie, dass rohe Haferflocken weder satter noch glücklicher machen. Daher darf sich auch dieses Müsli über Nacht so richtig schön sattsaugen und mausert sich Seite an Seite mit Bananen und Möhren zum wahren Kraftfrühstück.

Für 1 Portion
5 Min. + 8 Std. Einweichzeit

5 EL Haferflocken • 2 EL Erdmandelflocken • 120 ml Hafermilch oder Milch nach Wahl oder Wasser • 1 Banane • ½–1 kleine Möhre • 1 TL Blütenpollen • Saft von ½ Zitrone • 1 Handvoll Walnüsse, grob gehackt

- Die Haferflocken und Erdmandeln mit der Hafermilch oder dem Wasser vermischen und über Nacht im Kühlschrank quellen lassen.

- Am nächsten Morgen die Banane mit der Gabel zerquetschen. Die Möhre waschen und fein raspeln.

- Banane und Möhre, Blütenpollen, Zitronensaft und Walnüsse mit dem Müsli vermengen und in einem Schälchen servieren.

Rohkost-Buchweizen

» Gerösteten, braunen Buchweizen kennen wohl die meisten, doch auch im Rohzustand machen die blassgrün schimmernden Körner eine gute Figur. Im wahrsten Sinne des Wortes. Online findet man eine schier unendliche Liste an Diätberichten, bei denen der Buchweizen als Schlankmacher gepriesen wird.

Für 1 Portion
5 Min. + 12 Std. Einweichzeit

80 g rohe Buchweizenkörner • Wasser zum Einweichen • 1 Handvoll Erdbeeren • 100 ml Hafermilch • 1 Prise gemahlene Vanille • Erdmandelmus, Blütenpollen, Kürbiskerne, Hanfsamen (optional)

- Die Buchweizenkörner in eine Schale mit reichlich frischem Wasser geben und über Nacht einweichen.

- Am nächsten Morgen das Wasser abgießen und die Buchweizenkörner gut durchspülen.

- Den Buchweizen mit frischen Erdbeeren, Hafermilch und gemahlener Vanille servieren. Nach Belieben mit weiteren leckeren Zutaten, z. B. Nussbutter, Blütenpollen, Kürbiskernen oder Hanfsamen, garnieren.

Oatmeal mit Himbeeren und Sesam

» Wenn die Himbeeren im Sommer prall und pink daherkommen, wenn heftige Regenschauer auf sonnenverwöhnte Tage folgen, dann kann einem nichts Besseres passieren als eine Schale Oatmeal, in der Fruchtig-Saures auf Cremig-Süßes trifft.

Für 1 Portion
10 Min.

1 EL Ghee oder Butter • 60 g Haferflocken (Feinblatt) • 200 ml Reismilch oder eine Mischung aus Reismilch und Wasser • 1 Stück Vanilleschote, siehe Tipp Hanuta-Kuchen (Seite 108), oder 1 Prise gemahlene Vanille • 2 Kardamomkapseln • 1 Prise Salz • 1 Handvoll Himbeeren • 1 EL schwarzer Sesam • Reissirup und/oder Ghee (optional)

- Das Ghee in einem Topf erhitzen, die Haferflocken dazugeben und 1 Min. rösten.
- Reismilch und Gewürze dazugeben und 5–6 Min. bei mittlerer Hitze köcheln lassen, dabei gelegentlich oder, für ein sämigeres Ergebnis wie beim Risotto, ununterbrochen umrühren.
- Himbeeren und Sesam dazugeben und den Haferbrei 1 Min. weiter köcheln lassen. Je nach Geschmack mit Reissirup und/oder einem Klecks Ghee servieren.

Gebackenes Oatmeal

» Dieses Rezept ist für jene Morgenstunden gedacht, an denen man etwas Wärmendes, Sättigendes und die geschundene Fructoseseele streichelndes braucht. Im Nu zusammengerührt, backt es ganz von allein fertig, während man sich selbst schon schön macht für den Tag.

Für 2 Portionen
5 Min. + 20 Min. Backzeit

etwas Ghee oder Butter zum Einfetten der Form • 220 ml Reismilch • 70 g Haferflocken (Feinblatt) • 2 EL Erdnussbutter • 1 EL Chia-Samen • je 1/8 TL Zimt und Vanille • 1 Prise Salz
Topping: 1 Banane • je 1 TL Reissirup und Kokosöl • 1/4 TL Kakao (optional)

- Den Ofen auf 190 °C Ober-/Unterhitze vorheizen. Eine kleine Auflaufform oder zwei Mini-Cocottes mit Ghee einfetten.
- In der Zwischenzeit alle Zutaten bis auf jene für das Topping miteinander vermengen und in die Form geben.
- Die Banane in Scheiben schneiden, mit dem Reissirup und dem Kokosöl vermengen und auf der Form verteilen. Das Oatmeal etwa 20 Min. im Ofen backen, bis sich die Masse verfestigt hat, und mit Kakaopulver bestreut servieren.

Buchweizenpfannkuchen mit Erdbeersoße und Kokossahne

» Prasselnder Regen auf Fensterscheiben und dicke graue Wolken sprechen für ein besonderes Frühstück im Bett. Zum Beispiel zart schmelzende Erdbeeren auf rustikalen Buchweizenpfannkuchen und Kokoscreme. Genau das Richtige, um die Nase danach in einen dicken Wälzer zu stecken oder mit ein paar Filmklassikern die Seele baumeln zu lassen.

Für 2 Portionen

15 Min. + 10 Std. Kühlzeit

Kokossahne:
- 1 Dose Kokosmilch, über Nacht kalt gestellt
- 1 EL Reissirup oder Traubenzucker

Erdbeersoße:
- 2 Handvoll Erdbeeren (ca. 150 g)
- 2 Kardamomkapseln, im Mörser zerstoßen
- 2 EL Reissirup oder Traubenzucker
- 5 EL Wasser

Pfannkuchen:
- 140 g Vollkorn-Buchweizenmehl
- 1 gestrichener EL Backpulver
- 1 Prise Himalayasalz
- 250 ml Reis-, Hafer- oder Kuhmilch
- 2 EL Ghee oder Butter
- 2–3 EL Reissirup
- Ghee oder Kokosöl

● Die Kokosmilch aus dem Kühlschrank nehmen, die dickflüssige Kokoscreme an der Oberfläche abschöpfen und in eine Schale geben.

● Die Erdbeeren würfeln und mit Kardamom, Reissirup und Wasser in einen Topf geben. Bei schwacher Hitze einige Min. köcheln lassen, dabei gelegentlich umrühren. Beiseite stellen.

● Für die Pfannkuchen alle Zutaten in einer Schüssel gut miteinander vermengen.

● Eine Pfanne mit ein wenig Butter erhitzen. Pro Pfannkuchen 1 ½ Esslöffel Teig in die Pfanne geben. 1–2 Min. auf mittlerer Stufe goldbraun backen, wenden und die andere Seite 1 Min. backen. Diese Schritte wiederholen, bis der Teig aufgebraucht ist. Die fertigen Pfannkuchen auf die Teller verteilen.

● Die Kokoscreme mit dem Handrührgerät auf höchster Stufe aufschlagen. Den Reissirup dazugeben und in weiteren 1–2 Min. cremig schlagen.

● Die warme Erdbeersoße über den Pfannkuchen verteilen, mit der Kokossahne servieren und den Sonntag im Bett genießen.

Starke Ritter

» Mit diesem Frühstück ist man alles andere als arm dran. Wenn zur Kombination aus Brot und Ei frischer Kefir, in Kokosöl gebackene Banane oder ein herzhaftes Stück Lachs kommt, dann schlage ich freiwillig jeden zum Ritter. Egal, ob in süßem oder salzigem Gewand, beides ist zum Niederknien. Und wenn ihr euch morgens noch nicht entscheiden könnt, dann macht einfach beides. Quasi ein Zwei-Gänge-Frühstück. Edel geht die Welt zugrunde.

Für 1 Portion
⏲ 10 Min.

- 80 ml Kefir oder Buttermilch
- 1 Ei
- Salz, Pfeffer
- 2 Scheiben Dinkelbrot von vorgestern
- 1 TL Ghee oder Butter

Für salzige Ritter:
- 1 Handvoll frischer Babyspinat
- 1–2 Scheiben Käse nach Wahl, z. B. lactosefreier Ziegenkäse
- 1 Scheibe geräucherter Lachs oder Schinken

Für süße Ritter:
- 1 Banane
- 1 TL Kokosöl
- 1 TL Reissirup, nach Bedarf mehr zum Servieren

● Kefir, Ei, Salz und Pfeffer kräftig mit der Gabel durchrühren. Ich halte einfach für wenige Sekunden den Stabmixer in die Schüssel, da ich für derartigen Frühsport nicht zu haben bin.

● Die Eimasse in einen tiefen Teller geben. Die Brotscheiben hineinlegen und von beiden Seiten die Masse aufsaugen lassen.

● In einer Pfanne das Ghee bei mittlerer Hitze erwärmen. Das Brot aus der Eimasse nehmen und in die Pfanne legen. Von jeder Seite 2–3 Min. goldbraun backen.

● Für salzige Ritter die fertigen Brotscheiben mit den Zutaten zu einem Sandwich stapeln und servieren.

● Für süße Ritter die Banane längs halbieren oder in Scheiben schneiden. In einer Pfanne das Kokosöl bei mittlerer Stufe erhitzen, Banane und Reissirup dazugeben und 2 Min. erwärmen. Die Banane mit den Brotscheiben und nach Geschmack mit mehr Reissirup servieren.

Variante Für einen herzhaften Belag eignen sich auch ½ Avocado, Ziegenfrischkäse und Kresse sehr gut.

Dutch Baby mit Johannisbeeren

» Der klassische deutsche Pfannkuchen hat bereits vor 100 Jahren in den USA seine Karriere unter dem Namen »Dutch Baby« angetreten. Die dort bekannte Zubereitungsart im Ofen greife ich mit offenen Armen auf. Wer steht schon gern vor der Pfanne und wendet fettige Pfannkuchen? Bekömmlicher wird es, wenn das Mehl über Nacht in Kefir badet. Am nächsten Morgen braucht es dann nur wenige Handgriffe und fertig ist das Schlemmerfrühstück.

Für 1 Portion

5 Min. + 12 Std. Einweichzeit + 12 Min. Backzeit

- 40 g helles Dinkelmehl (Type 630)
- 50 ml Buttermilch oder Kefir
- 15 g Ghee oder Butter
- 1 Ei
- 1 Prise Salz
- ½ 1TL Traubenzucker, nach Geschmack auch mehr
- 1 kleine Handvoll frische Johannisbeeren

- Am Vorabend Mehl und Buttermilch oder Kefir in einer Schüssel verrühren und über Nacht abgedeckt ziehen lassen.

- Am nächsten Morgen eine gusseiserne Pfanne oder Auflaufform mit dem Ghee in den Ofen stellen und den Ofen auf 220 °C Ober-/Unterhitze vorheizen.

- In der Zwischenzeit ein Ei mit etwas Salz und dem Vorteig etwa 1 Min. mit dem Rührgerät verrühren.

- Die Pfanne aus dem Ofen holen. Da sie sehr heiß wird, bitte nur mit Ofenhandschuhen gewappnet anfassen. Den Traubenzucker in die Pfanne streuen, die Johannisbeeren dazugeben und den Teig darübergießen. Den Pfannkuchen 12 Min. goldbraun im Ofen backen.

- Den Pfannkuchen vorsichtig aus dem Ofen holen und sofort servieren. Nach Geschmack mit etwas Traubenzucker oder Reissirup süßen.

Tipp Johannisbeeren haben gerade keine Saison? Auch andere Beeren passen zu diesem Gericht. Falls diese zu schwer für den Pfannkuchenteig sind, kann man sie auch mit etwas Reissirup pürieren und hinterher zu dem noch warmen Pfannkuchen servieren.

Smoothies

Für manch einen ist er ein Erfrischungsgetränk, anderen ersetzt er eine komplette Mahlzeit. Bei mir kommt statt eines handfesten Frühstücks oder eines aufwendigen Mittagessens immer häufiger ein Smoothie auf den Tisch. Gesund, lecker und blitzschnell zubereitet – kein Wunder, dass diese kleinen Energiebündel in den letzten Jahren eine steile Karriere hingelegt haben. Smoothies sind außerdem unglaublich freundlich zu Magen und Darm: Der Mixer nimmt uns einen Großteil der Arbeit ab, indem er alles wie vorverdaut kleinschreddert. Die Verdauungsorgane können sich somit voll und ganz darauf konzentrieren, die flüssigen Nährstoffe aufzunehmen. Smoothies machen sich übrigens auch unterwegs blendend. Sie bleiben für ein paar Stunden frisch, man muss nichts aufwärmen und das Besteck kann man sich sparen. Das Schönste an Smoothies: Für jeden Farbtyp ist etwas dabei. Langeweile sucht man hier vergeblich, vorausgesetzt, man traut sich auch mal, etwas zu experimentieren. Hier ein paar meiner Lieblingszutaten für die kreative Smoothie-Küche:

Add-ons: Hanfsamen, Blütenpollen, Brennnesselsamen, Maca, Ingwer, Kurkuma, Zimt, Vanille

Volumenspender: Flohsamenschalen, Chia- oder Leinsamen

Flüssigkeit: Reismilch, Hafermilch, Kokoswasser, Wasser

« Sonnen-Smoothie (Seite 42)

Sonnen-Smoothie

» Wenn die Sonne draußen gerade nicht scheint, spricht wohl nichts gegen ein bisschen Sonne im Glas. Für diesen Smoothie darf alles herhalten, was goldgelber Natur ist, mit Energie versorgt und nach Sommer schmeckt. Was dann die Chia-Samen dazwischen machen? Habt ihr noch nie etwas von Sommersprossen gehört?

Für 1 Portion
5 Min.

1 Banane • ½ Maracuja oder Saft von ½ Orange • 1 EL Chia-Samen oder 1 EL Flohsamenschalen • 1 TL Blütenpollen • ½ TL Kokosöl oder 1 EL Leinsamenöl oder Erdnussbutter • 1 cm frische Kurkurma, gerieben, oder 1 TL Kurkurma, gemahlen • 1 Msp. Zimt • 1 cm Ingwer, gerieben • Wasser

- Alle Zutaten bis auf das Wasser im Mixer pürieren. Nach und nach Wasser dazugeben, bis die gewünschte Konsistenz erreicht ist.

- Die Mischung kurz stehen lassen, damit die einzelnen Aromen miteinander verschmelzen können, dann mit einem Lächeln im Gesicht genießen.

Quietschgrüner Wachmacher

» Portulak, in Deutschland noch ein Geheimtipp, ist der saftige Vetter unseres heimischen Feldsalats. Er kommt in der Türkei überwiegend als Vorspeise mit Joghurt und Knoblauch daher. Eher durch Zufall habe ich die wunderbaren Qualitäten von Portulak als Smoothie-Grundlage entdeckt. Smoothies werden mit diesem Gemüse seidig-weich.

Für 1 Portion
5 Min.

1 große Handvoll Portulak mit grünen Stängeln oder Feldsalat • 2 Stiele Minze, gezupft • Saft von 1 Limette • 50 ml Wasser oder Kokoswasser • ½ halbe Avocado • 2 TL Flohsamenschalen • 1 TL Kokosöl • 1 kleines Stück Ingwer • 100 ml Wasser oder Kokoswasser • schwarzer Pfeffer, frisch gemahlen

- Zunächst Portulak, Minze, Limettensaft und Wasser im Mixer fein pürieren.

- Die restlichen Zutaten dazugeben, pürieren und je nach gewünschter Konsistenz Wasser oder Kokoswasser hinzufügen.

- Mit grob gemahlenem Pfeffer serviert genießen. Man kann kaum energetischer in den Tag starten!

Bohim-Smoothie

» Dieser Smoothie hat bereits beim ersten Test direkt ins Schwarze getroffen und meine frühkindlichen Geschmacksnerven zum Tanzen gebracht. Wenn auch ihr mit dem Bohim-Eis von Bofrost aufgewachsen seid, wisst ihr, wovon ich rede. Alle anderen: Hier ist endlich eure Chance auf ein bisschen Bohim-Genuss.

Für 1 Portion
⏲ 5 Min.

¼–½ Avocado • 1 kleine Handvoll Himbeeren (frisch oder TK) • 5–8 Blätter frische Minze • 2 Scheiben gegarte Rote Bete • 1 gehäufter EL Flohsamenschalen • 1 TL Hanfsamen • 1 TL Kokosöl • ¼ TL gemahlene Vanille • 1 fingerkuppengroßes Stück Ingwer (optional) • 1 TL Blütenpollen (optional) • 200 ml Reismilch

- Alle Zutaten bis auf Blütenpollen und Reismilch im Mixer oder mit dem Stabmixer fein pürieren.
- Nach und nach die Reismilch dazugeben und weiter mixen, bis die gewünschte Konsistenz erreicht ist.
- Mit Blütenpollen garnieren und genießen.

Tipp Tiefgekühlte Himbeeren immer erst auftauen, so sind sie verträglicher.

Kein Blaumacher

» Dieses Energiebündel kommt ganz ohne lange Zutatenliste aus und ist daher schnell zubereitet. Und es tut gut: Kokoswasser wirkt Dehydration entgegen und Heidelbeeren sind bekannt für ihre entzündungshemmende Wirkung. Die Banane liefert schnell Energie. Genau das Richtige nach einem morgendlichen Lauf durch den Stadtpark.

Für 1 Portion
⏲ 5 Min.

100 ml Kokoswasser oder Hafermilch • 1 Banane • 1 Handvoll Heidelbeeren (ca. 50 g) • 3 EL schwarzer Sesam, über Nacht eingeweicht • 1 EL Chia-Samen oder Flohsamenschalen • 1 Prise Vanille

- Alle Zutaten in der Küchenmaschine oder mit dem Stabmixer fein pürieren.
- Während man die Laufschuhe zum Auslüften auf den Balkon bringt, die Chia-Samen 1 Min. quellen lassen und dann guten Appetit!

Kleine Happen für zwischendurch

So ausgewogen ich mich mittlerweile ernähren mag, das Naschen zwischendurch bleibt eines meiner größten Laster. Zwar widerstehe ich fructosegeladenen Snacks wie Schokoriegeln, bei Kartoffelchips und Nüssen zieht meine Selbstbeherrschung jedoch meist den Kürzeren und aus ein paar Nüssen werden schnell mal drei Hände voll, was sich gerade bei ihnen oft mit Bauchgrummeln rächt. Da versuche ich lieber, erst gar keine Snacks zu Hause rumstehen zu haben, die mich in Versuchung führen könnten.

Viel schwieriger wird es, wenn man bereits mit knurrendem Magen aus dem Haus geht oder hungrig im Stau steht. Was tun, wenn einen dann die Naschlust überfällt? In solchen Situationen sind die kleinen Fehlgriffe des Alltags quasi vorprogrammiert und ungesunde Snacks schneller verschlungen, als einem lieb ist. Mein Tipp: stattdessen schnell einen hausgemachten Snack aus der Tasche ziehen. Mit Müslitalern, sättigenden Chia-Puddings und knusprigen Leinsamen-Crackern gewappnet meistert ihr diese Alltagstücken ab sofort mit links. Diese Häppchen lassen sich nicht nur gut vorbereiten, sie verschwinden auch unauffällig in den Handtaschen und Rucksäcken dieser Welt, damit ihr auch unterwegs satt und energiegeladen bleibt.

« Dinkel-Cracker (Seite 51), Karotten-Ingwer-Dip (Seite 53), Petersilien-Sellerie-Dip (Seite 52) und Grünes Feuer (Seite 52)

Müslitaler

» Klar, Müsliriegel gibt es wie Sand am Meer, da sollte für jeden etwas dabei sein. Von wegen! Immer wieder tauchen drei alte Bekannte in der Zutatenliste auf: Honig, Datteln und Agavensirup. Zeit für die perfekte Hausmischung aus Erdnussbutter, einer ordentlichen Portion Kerne und Samen. Der Kreativität sind jedoch keine Grenzen gesetzt. Tauscht die Zutaten einfach aus. Nur das Verhältnis von trockenen zu flüssigen Zutaten sollte ungefähr gleich bleiben, sonst wird's schnell zu dröge.

Für ca. 8 Müslitaler
⏲ 25 Min. + 15 Min. Backzeit

Trockene Zutaten:
- 60 g (eine Handvoll) getrocknete Cranberrys oder getrocknete Blaubeeren oder Kakaonibs
- 4 EL (50 g) Kürbiskerne
- 120 g Haferflocken (Feinblatt)
- 3 EL (30 g) Sonnenblumenkerne
- 3 EL (30 g) Hanfsamen
- 2 EL (20 g) schwarzer Sesam
- ½ TL gemahlener Zimt
- ½ Vanilleschote, ausgekratzt
- Samen einer Kardamomkapsel, im Mörser fein gemahlen
- ½ TL Himalayasalz oder etwas Tafelsalz

Flüssige Zutaten:
- 5 EL Reissirup
- 3 gehäufte EL ungesüßte Erdnussbutter
- 3 EL Kokosöl zum Einfetten des Blechs

- Den Ofen auf 170 °C Ober-/Unterhitze vorheizen.
- Die Cranberrys und Kürbiskerne grob hacken. Mit den restlichen trockenen Zutaten in eine große Schüssel geben und gut durchrühren.
- Reissirup, Erdnussbutter und Kokosöl in einem kleinen Topf unter ständigem Rühren bei mittlerer Hitze erwärmen, bis eine glatte Masse entsteht.
- Die Sirupmasse über die Müslimischung geben und gut durchrühren, bis alles gleichmäßig verteilt ist.
- Mithilfe einer Ausstechform runde Taler formen. Müslitaler leicht zusammendrücken, damit sie nicht auseinanderfallen, auf ein mit Backpapier ausgelegtes und mit etwas Kokosöl eingepinseltes Backbleck legen und 15–20 Min. goldbraun backen. Das Gebäck komplett auskühlen lassen. Die Müslitaler halten sich im Kühlschank etwa 1 Woche.

Black'n' White Immunbooster

» Diese Energiebällchen sind perfekt, um das nachmittägliche Tief im Büro zu überwinden. Heidelbeeren, Hanfsamen und grüner Hafer wirken allesamt stärkend auf das Immunsystem und kurbeln den Stoffwechsel an. Getrocknete Heidelbeeren findet ihr übrigens im Reformhaus.

ca. 6 Stück
15 Min. + 8 Std. Einweichzeit + 1 Std. Kühlzeit

3 EL Sonnenblumenkerne, über Nacht in reichlich Wasser eingeweicht • 3 EL Hanfsamen • 2–3 EL getrocknete Heidelbeeren • 1 EL Reissirup • Zum Wälzen: Inhalt von 1–2 Beuteln grünem Hafertee (optional)

- Alle Zutaten bis auf die Teeblätter in den Blitzhacker geben und so lange mixen, bis sie eine Art Teig bilden.
- Mit den Händen kleine Bällchen formen und diese nach Belieben in den Teeblättern wälzen.
- Die Bällchen vor dem Servieren mindestens 1 Stunde kalt stellen. Im Kühlschrank halten sie sich bis zu 2 Tage.

Wohlfühlbällchen

» In diesem Rezept blitzt doch wahrhaftig das magische Wörtchen Kakao auf. Seien wir ehrlich, wer verbindet Kakao nicht mit genussreichen Wohlfühlmomenten? Genau dafür sind auch diese nussig-cremigen Bällchen gedacht. Minus das schlechte Gewissen, versteht sich.

ca. 6 Stück
15 Min. + 1 Std. Kühlzeit

4 EL Haferflocken (Feinblatt) • 4 EL Erdmandelcreme • 1 EL schwarzer Sesam • 1 TL reiner Kakao (schwach entölt) • 1 TL Maca • 1 TL Kokosöl • Zum Wälzen: Kakao (optional)

- Alle Zutaten bis auf den Kakao mit dem Stabmixer verrühren, bis eine Art Teig entsteht.
- Mit den Händen kleine Bällchen formen und diese nach Belieben in Kakao wälzen.
- Die Bällchen gekühlt servieren. Im Kühlschrank halten sie sich bis zu 4 Tage.

Hanf-Chia-Pudding mit Banane

» Wer Pudding liebt, der wird auch Chia-Samen lieben. Im Handumdrehen wird mit etwas Flüssigkeit eurer Wahl aus diesen kleinen Körnchen ein energiespendender Pudding.

Für 1–2 Portionen
15 Min. + 4 Std. Kühlzeit

Für den Pudding: 3 EL Haferflocken (Feinblatt) • 2 EL Hanfsamen • 2 EL Chia-Samen • 1 Prise gemahlene Vanille • 200 ml Wasser
Für die karamellisierte Banane: 1 Banane • 1 EL Reissirup • 1 TL Kokosöl • 1 Prise Zimt (optional)

• Haferflocken, Hanf- und Chia-Samen, Vanille und Wasser mit dem Stabmixer pürieren. Den Pudding in eine Schale geben und etwa 4 Stunden im Kühlschrank ruhen lassen.

• Die Banane in dicke Scheiben schneiden. In einer beschichteten Pfanne Reissirup und Kokosöl erhitzen und die Bananenscheiben darin 3 Min. ohne Rühren anbraten. Die Scheiben wenden und weitere 1–2 Min. karamellisieren lassen.

• Die Banane auf den Chia-Pudding geben und servieren oder für später kalt stellen.

Hafer-Chia-Pudding mit Heidelbeeren

» Den Kombinationsmöglichkeiten beim Chia-Pudding sind keine Grenzen gesetzt. Hier sorgen Hafermilch und Kardamom für einen runden Geschmack.

Für 1–2 Portionen
20 Min. + 4 Std. Kühlzeit

250 ml Hafermilch • 3 EL Chia-Samen • 1 Handvoll Heidelbeeren • 1 Kardamomkapsel

• Hafermilch und Chia-Samen miteinander verrühren. Die nächsten 10 Min. regelmäßig durchrühren, anschließend über Nacht oder für mindestens 4 Stunden kühl stellen.

• Am nächsten Morgen den Kardamom im Mörser zerstoßen und mit den Heidelbeeren pürieren. Heidelbeeren auf den Chia-Pudding geben und servieren oder für später kalt stellen.

Tipp Den Pudding einfach in einem Glas mit Schraubverschluss vorbereiten, kalt stellen – und fertig ist der Snack für Büro, Uni oder unterwegs.

» Hafer-Chia-Pudding mit Heidelbeeren

Leinsamen-Cracker

» »Leinsamen are a FI's best friend!« Die wundersame Wirkung dieses kleinen Korns war für mich geradezu eine Offenbarung. In Crackerform ist es für Leinsamen zudem ein Leichtes, auch auf Reisen schnell für Abhilfe zu sorgen.

Für ca. 24 Cracker

15 Min. + 10 Min. Quellzeit + 20–30 Min. Backzeit

- 135 ml Wasser
- 65 g Leinsamen, geschrotet
- 1 EL ganze Leinsamen
- 1 EL Sesam
- 1 EL Chia-Samen
- 1 TL getrockneter Thymian
- 1 TL Sumac
- ½ TL getrockneter Rosmarin
- ½ TL Meersalz
- 1 Prise schwarzer Pfeffer, frisch gemahlen

● Den Backofen auf 180 °C Ober-/Unterhitze vorheizen. Wasser und Leinsamen in eine Schüssel geben und 10 Min. quellen lassen.

● Die übrigen Zutaten miteinander vermengen und unter die Leinsamen mischen. Alles gut verrühren.

● Die Arbeitsfläche mit einem Stück Backpapier auslegen, die Leinsamenmasse mit einem Teigschaber gleichmäßig darauf verteilen. Die Schicht sollte insgesamt nicht dicker als ein paar Millimeter sein. So werdet ihr am Ende mit gleichmäßig knusprigen Crackern belohnt.

● Die Masse mit einem Messer in beliebige Formen schneiden. Dadurch lassen sich die Cracker später einfacher auseinanderbrechen. Wenn ihr diesen Schritt vergesst: nicht schlimm, dann werden es eben Freestyle-Cracker.

● Das Backpapier samt Masse auf ein Backblech heben und 20–30 Min. backen, dabei regelmäßig nachschauen, wie weit die Cracker sind. Die Backzeit ist abhängig davon, wie dick ihr den Teig ausgestrichen habt. Er sollte sich auf jeden Fall deutlich zusammengezogen haben, an den Rändern vom Backblech abheben und nicht mehr feucht anfühlen. Sind die Cracker nicht komplett trocken, verderben sie schneller.

● Die Cracker auskühlen lassen, auseinanderbrechen und luftdicht lagern.

Dinkel-Cracker

›› Mit einem einfachen Trick holen wir aus diesen Crackern raus, was rauszuholen ist. Allen voran wichtige Nährstoffe. Durch Einweichen wird der Teig außerdem geschmeidig glatt und leicht verdaulich. Ob pur als perfekter Dip-Begleiter oder mit wertvollen Gewürzen und Kräutern als Snack für unterwegs: Diese Cracker werden garantiert nicht langweilig.

Für ca. 60 Cracker

15 Min. + ca. 8 Std. Zeit zum Gehen

Teig:

- 220 g helles Dinkelmehl oder Vollkorn-Dinkelmehl
- 100 ml Wasser
- 4 EL Oliven- oder Kokosöl
- 2–3 EL Apfelessig
- ½ TL Himalayasalz

Meine Lieblings-Toppings:

- Meersalz und Pfeffer
- Fenchelsamen
- schwarzer und weißer Sesam
- Kümmel
- Oregano

● Alle Zutaten für den Teig in eine Schüssel geben und mit einem Holzlöffel gut verrühren, dann mit den Händen oder dem Handrührgerät zu einem Teig kneten. Diesen mit einem feuchten Küchentuch bedeckt 8 Stunden oder über Nacht einweichen lassen.

● Wenn der Teig fertig zum Weiterverarbeiten ist, den Ofen samt Backblech auf 200 °C Umluft vorheizen.

● Den Teig halbieren und eine Arbeitsfläche mit Backpapier auslegen. Die erste Teighälfte mit etwas Mehl bestäuben und auf dem Backpapier so dünn und gleichmäßig wie möglich ausrollen. Je dünner, desto crackiger.

● Mit einem scharfen Messer die Cracker in die gewünschte Form, z. B. Quadrate oder Dreiecke, schneiden. Die Oberfläche der Cracker mit etwas Wasser befeuchten. Mit einer Gabel jeden Cracker 2- bis 3-mal einstechen, damit sie sich im Ofen nicht aufblähen. Gewünschte Toppings auf den Crackern verteilen und leicht andrücken.

● Das Backpapier samt Crackern auf das vorgeheizte Backblech ziehen (Handschuhe nicht vergessen!) und die Cracker etwa 10 Min. im Ofen backen. Je nach Dicke brauchen die Cracker mal kürzer, mal länger. Während die erste Hälfte der Cracker im Ofen ist, die zweite Teighälfte wie beschrieben weiterverarbeiten.

Petersilien-Sellerie-Dip

›› Nachdem nun sämtliche Dosen mit Crackern aller Art gefüllt sind, fehlen nur noch die passenden Dips. Kandidat Nummer eins gibt sich frühlingshaft mild und hat dank Avocado bisher noch jeden Hunger gestillt.

Für 1 Glas
15 Min.

½ TL Koriandersamen • ½ kleine Sellerieknolle (ca. 150 g) • 1 Handvoll glatte Petersilie • ½ reife Avocado • ¼ TL Himalayasalz • 3–4 EL Olivenöl • Wasser • Salz • schwarzer Pfeffer, frisch gemahlen • 1 TL Zitronensaft

- Die Koriandersamen 1–2 Min. in einer Pfanne ohne Fett anrösten und anschließend im Mörser fein zermahlen.

- Die Sellerieknolle schälen und fein reiben. Dieser Schritt mag überflüssig klingen, schließlich kommt ja doch alles in den Mixer, allerdings verhindert man so unschöne, große Klumpen im Dip.

- Die Petersilie waschen, trocken schütteln und zusammen mit den restlichen Zutaten mit dem Stabmixer zu einer glatten Paste pürieren. Eventuell etwas Wasser dazugeben. Mit Salz, Pfeffer und Zitronensaft abschmecken.

Grünes Feuer

›› Wer's gerne etwas schärfer mag, wird von diesem Dip begeistert sein. Die Chiliflocken sorgen für das feurige Temperament, Koriander, Minze und Cumin geben dem Mix eine frische Note.

Für 1 Glas
10 Min.

1–2 Handvoll frischer Koriander • ½ Handvoll Minze • ½ Handvoll glatte Petersilie • 1 Zehe eingelegter Knoblauch (Seite 30) (optional) • ½ TL Chiliflocken • ½ TL Fenchelsamen • ½ TL Cumin • ½ TL Meersalz • Saft und Schale von 1 unbehandelten Zitrone • 100 ml Oliven- oder Knoblauchöl

- Koriander, Minze und Petersilie waschen, die Blätter abzupfen.

- Die Kräuter zusammen mit den Gewürzen und dem Zitronenabrieb in den Mixer geben und grob pürieren. 90 ml Öl dazugeben und weitere 30 Sekunden mixen. Wird Öl zu lange püriert, kann es bitter werden. Den Dip mit Zitronensaft abschmecken.

- Den Dip in ein Glas füllen und mit dem restlichen Öl bedecken. Vor dem Servieren 1–2 Stunden im Kühlschrank ziehen lassen.

Karotten-Ingwer-Dip

» Dieser Dip ist etwas aufwendiger in der Zubereitung. Dafür wärmt er dank Ingwer so richtig schön von innen und passt damit ideal zu einem gemütlichen Winterabend.

Für 2 Gläser
60 Min.

500 g Karotten • 100 ml Wasser • 3 EL Olivenöl • 1 cm Ingwer, gerieben • ½ TL Chiliflocken • 1 Zimtstange oder 1 Msp. gemahlener Zimt • 1 Prise Meersalz • Saft von ½ frischen Zitrone • 2 cm frische Kurkuma, gerieben

- Die Karotten putzen oder schälen und in Scheiben schneiden.

- Karotten, Wasser, Olivenöl, Ingwer, Chili, Zimtstange und Salz in eine ofenfeste Form geben und gut miteinander vermengen.

- Im Backofen bei 200 °C Umluft 45 Min. backen, bis die gesamte Flüssigkeit verdunstet ist. Die gebackenen Karotten 10 Min. abkühlen lassen.

- Den Dip mit dem Zitronensaft und der geriebenen Kurkuma im Mixer fein pürieren.

Makrelen-Meerrettich-Dip

» Scharf-würzig wird es auch bei dieser zugegebenermaßen ungewöhnlichen Liaison von Meerrettich und Makrele.

Für 1 Glas
10 Min.

1 Dose Makrelenfilets • 3 EL Naturjoghurt (10 % Fett) • 1–2 EL Zitronensaft, frisch gepresst • 1–2 TL Meerrettich, gerieben (je nach Geschmack) • Salz • Pfeffer, frisch gemahlen • 30 g Ghee

- So viel Öl wie möglich aus den Makrelenfilets herausdrücken und den Fisch zusammen mit dem Joghurt, Zitronensaft und Meerrettich in den Mixer geben.

- Die Maschine für ein paar Sekunden laufen lassen, bis ein glatter Dip entsteht. Mit Salz und Pfeffer abschmecken.

- Das Ghee dazugeben und noch mal für ein paar Sekunden pürieren.

Für Eilige

Wenn man nach einem langen Tag nach Hause kommt und einem der Magen schon in den Kniekehlen hängt, ist die Laune oft schnell im Keller. Mit ein bisschen Vorbereitung lassen sich nicht nur diese kritischen Momente verhindern, sondern auch schnell zubereitete und verträgliche Mahlzeiten zaubern. Wie das geht? Mit einem simplen Trick, ich nenne ihn organisierte Improvisation. In der Praxis heißt das: Man hat immer eine Schale an Basics im Kühlschrank stehen, die sich schnell in einen frischen Salat oder eine Suppe verwandeln lassen. Dafür heißt es sonntags: ran an die Töpfe. Oft werden bei mir gleichzeitig Buchweizen, Hirse, Quinoa oder Kartoffeln vorgekocht sowie neue Samen fürs Keimen präpariert, das entsprechende Chaos in der Küche inbegriffen. So ist detaillierte Mahlzeitenplanung selten notwendig, um satt zu werden und beschwerdefrei zu bleiben. Denn wenn die Grundzutat schon fertig gekocht im Kühlschrank steht, kann man ganz einfach improvisieren. Probiert es aus. Und selbst wenn man Sonntag mal Sonntag sein lassen möchte, stehen die folgenden Gerichte nach spätestens 30 Minuten auf dem Tisch.

« Sommerrollen mit Quinoa und Sesam-Avodado (Seite 60)

Rinderbrühe mit Petersilienomelett

» Hat einem mal wieder etwas auf den Magen geschlagen, hilft sie garantiert immer: eine kräftigende Rinderbrühe. Während das Biofleisch in der hausgemachten Brühe gart, wird schnell noch ein Petersilienomelett als Einlage vorbereitet. Damit es noch schneller geht, lasst euch das Rindfleisch einfach schon beim Metzger in hauchdünne Scheiben vorschneiden.

Für 2–4 Portionen
20 Min.

- 200 g Bio-Rindfleisch, z. B. Dünnung oder Schenkel
- 1 l Wasser
- 2 EL selbstgemachte gekörnte Brühe (Seite 25)
- ½ Bund Petersilie, davon 2 Zweige zum Garnieren
- 2 Eier
- Salz
- Pfeffer, frisch gemahlen
- 1 EL Ghee

- Rindfleisch in hauchdünne Scheiben schneiden und beiseite stellen.

- Wasser und gekörnte Brühe in einem Topf aufkochen, das Fleisch dazugeben und auf mittlerer Stufe köcheln lassen, bis es gar ist. Je nach Fleischsorte und Zuschnitt dauert das nur ein paar Sekunden bis Minuten. Brühe auf niedriger Stufe warm halten.

- Die Petersilie waschen und zupfen, 2 EL Petersilienblätter zur Seite legen.

- Die Eier im Mixer mit der restlichen Petersilie und den Gewürzen pürieren, bis die Petersilie fein gehackt ist.

- Ghee in einer beschichteten Pfanne erhitzen. Die Eimasse in die Pfanne geben und durch Schwenken gleichmäßig verteilen. Bei mittlerer Hitze 2 Min. stocken lassen. Sobald die Unterseite fest ist, die Hitze herunterdrehen und das Omelett abgedeckt weitere 2 Min. stocken lassen.

- Das Omelett auf einen Teller geben, einrollen und in feine Streifen schneiden.

- Die Omelettschnecken auf die Suppenschalen verteilen und mit der heißen Brühe aufgießen. Die Suppe mit der gehackten Petersilie bestreut servieren.

Pastinaken-Kokos-Suppe

» Eigentlich eine Schande, dass diese unscheinbare Wurzel so lange an mir vorbeigegangen ist. Nicht nur, dass sie fructosearm und wunderbar freundlich zu empfindlichen Mägen ist. Mit ihrem süßlich-herben Geschmack belebt sie vor allem winterliche Suppen und Kartoffelgerichte.

Für 2–4 Portionen
15 Min.

- 300 g Pastinaken
- 2 EL Ghee oder Butter
- 100 ml Wasser
- 500 ml Wasser
- 1 gehäufter TL hausgemachte Brühe (Seite 25)
- 1 EL frische Kurkuma, gerieben
- frische Chilischote (nach Geschmack)
- 200 ml Kokosmilch

● Die Pastinaken gründlich waschen, halbieren, in Scheiben schneiden und mit dem Ghee in einem großen Topf bei mittlerer Stufe andünsten. 100 ml Wasser dazugeben und 5 Min. köcheln lassen.

● In der Zwischenzeit in einer Schüssel die Brühe mit 500 ml kochendem Wasser aufgießen. Brühe zusammen mit Kurkuma und Chili zu den Pastinaken geben und das Gemüse weitere 5 Min. auf mittlerer Stufe köcheln lassen.

● Die Suppe vom Herd nehmen, die Kokosmilch unterrühren und mit dem Stabmixer fein pürieren. Mit frisch gemahlenem Pfeffer und Chili abschmecken. Je nach Geschmack mit Brühe oder Kokosmilch verdünnen.

● Die Suppe mit etwas Nussöl beträufeln und nach Belieben mit gehackter Petersilie oder kurz in der Pfanne angerösteten Kürbiskernen garnieren und servieren.

Das passt dazu Nussöl, frische glatte Petersilie oder geröstete Kürbiskerne

Kalte Joghurtsuppe

» In der türkischen Kultur ist es unvorstellbar, eine Mahlzeit ohne Suppe zu beginnen. Dabei spielt die Jahreszeit keine Rolle. Brennt draußen die Sonne, kommt eine kühlende Joghurtsuppe auf den Tisch. Kalter Joghurt, frische Gurke und Minze helfen dabei, auch im Sommer einen kühlen Kopf zu bewahren.

Für 2–4 Portionen
ca. 5 Min. + 30 Min. Kühlzeit

350 ml türkischer Joghurt (10 % Fett) • 170 ml Wasser • ¼ Salatgurke, gewürfelt • ½ Handvoll frische Minze, gehackt • ¼ Handvoll frischer Dill, gehackt • 4 Walnusshälften, grob gehackt • 50 g Buchweizen, gekocht • Sumac • Salz • Pfeffer, frisch gemahlen

- Joghurt und Wasser mit dem Schneebesen gut verrühren. Salatgurke, Kräuter und Walnüsse daruntermischen und die Suppe mindestens 30 Min. kalt stellen.

- Falls ihr keinen vorgekochten Buchweizen griffbereit habt, in der Zwischenzeit den Buchweizen nach Packungsanleitung kochen.

- In jede Schale 1–2 Esslöffel Buchweizen geben, die Joghurtsuppe darüber verteilen und mit Sumac, Salz und schwarzem Pfeffer bestreut servieren.

Pastrami-Sandwich mit Avonnaise

» Unter den American Sandwiches hat es mir besonders das »Reuben New York Style« angetan. Da das dazugehörige »Russian Dressing« nicht gerade fructosearm ist und die Berge an Fleisch, naja, eben ziemlich mächtig sind, kommen hier stattdessen eine leichte Avonnaise und zarter Pastrami-Schinken zum Zug.

Für 1 Portion
10 Min.

½ Avocado • ½ TL hausgemachter Senf • frischer Zitronensaft • Salz • Pfeffer, frisch gemahlen • ½ EL Ghee oder Butter • 100 g Pastrami, nach Geschmack auch mehr • 1–2 Scheiben Ziegen- oder Bergkäse • 1 Dinkelbrötchen oder 2 Scheiben Dinkelbrot • 2 EL Sauerkraut

- Für die Avonnaise Avocado und Senf mit dem Stabmixer schön cremig pürieren. Mit Zitronensaft, Salz und Pfeffer abschmecken.

- Ghee in einer beschichteten Pfanne erhitzen. Pastrami dazugeben und bei mittlerer Hitze von allen Seiten kurz anbraten. Herd ausstellen, den Käse auf das Pastrami legen und schmelzen lassen.

- Die Brötchenhälften mit Avonnaise bestreichen, mit Pastrami und Sauerkraut belegen und herzhaft zubeißen.

Sommerrollen mit Quinoa und Sesam-Avocado

» Quinoa (Seite 19) hat mittlerweile in fast jedem Bio-Supermarkt Einzug gehalten. Glutenfrei und botanisch gesehen gar kein Getreide, überzeugt das »Korn der Inka« vor allem durch seine Wandlungsfähigkeit und gibt in vielen Gerichten die Starbesetzung. Ob nun in einem Gastspiel an der Seite von »Papaya Pitt und Avocado Jolie«, siehe Rezept »Papaya-Quinoa-Salat« (Seite 62), oder in der folgenden Blockbuster-Sommerrolle, die Oscar-Nominierung scheint ihm sicher.

Für 1 Portion (6 Sommerrollen)
15 Min.

Für den Dip:
- Saft von ½ Limette
- 1 EL Erdnussbutter
- 1 TL Kokosmilch
- 1 TL Tamari (eine zuckerfreie, fermentierte Sojasoße)
- Chili nach Geschmak

Für die Sommerrollen:
- 1 Handvoll frischer Kräuter (Minze, Koriander)
- 2–3 Blätter Radicchio oder Spinat
- ½ Avocado
- 4 EL gemischter schwarzer und weißer Sesam
- 6 kleine runde Blätter Reispapier
- 50 g gekochte Quinoa vom Vortag
- ½ Handvoll frischer Sprossen, z. B. Braunhirse, Mungobohnen

- Für die Soße Limettensaft, Erdnussbutter, Kokosmilch und Tamari miteinander verrühren, mit Chili abschmecken.

- Die Kräuter waschen und grob hacken. Den Radicchio und die Avocado in schmale Streifen schneiden.

- In einer Pfanne den Sesam 1–2 Min. anrösten.

- Reispapier nach Packungsanweisung in einer flachen Schale mit Wasser einweichen, etwas abtropfen lassen, auf einen großen Teller legen und glatt streichen.

- Eine Scheibe Avocado im Sesam wälzen und auf dem unteren Drittel des Reispapiers platzieren, dabei etwas Abstand zum Rand lassen. Danach 1 EL Quinoa, etwas Kräuter, Sprossen, 3 Streifen Radicchio darüberstapeln. Das Reispapier von unten bis zur Mitte aufrollen, links und rechts die Seiten nach innen klappen, dann komplett aufrollen. Mit dem restlichen Reispapier wie beschrieben fortfahren.

- Die Sommerrollen zusammen mit dem Dip servieren.

Kartoffelsalat mit Brennnessel-Pesto

» Wenn man etwas als Superfood bezeichnen kann, dann die gemeine Brennnessel (Seite 15). Wartet ab, bald wird alle Welt davon schwärmen. Das Schöne daran: Diese Zutat wächst gratis vor der Haustür. Bei eurem nächsten Ausflug ins Grüne also unbedingt Gartenschere und -handschuhe einpacken und ein paar leckere, junge Brennnesselblätter sammeln. Ihr verführerisch frisch-grüner Geschmack heilt auch ganz gewiss jegliches Brennnessel-Kindheitstrauma.

Für 4 Portionen
25 Min.

- 1 Handvoll Mandeln
- 800 g vorgekochte Bio-Frühkartoffeln
- 2 große Handvoll (mit Handschuhen bitte!) frische Brennnesselblätter
- ½ Zitrone
- Salz
- Pfeffer, frisch gemahlen
- 1 Zehe eingelegter Knoblauch (Seite 30)
- 80 ml Olivenöl
- 1 gekochte Knolle Rote Bete, gewürfelt
- Ziegenfeta (optional)

● Die Mandeln in eine Schale mit frischem Wasser geben und 20 Min. einweichen lassen.

● Falls ihr keine vorgekochten Kartoffeln zur Hand habt, die Kartoffeln waschen, in mundgerechte Stücke teilen und in reichlich Salzwasser in etwa 15 Min. bissfest kochen. Abgießen und ausdämpfen lassen.

● In der Zwischenzeit die Brennnesseln waschen und die Blätter mit einer Schere abschneiden.

● Alle Zutaten für das Pesto, bis auf das Olivenöl, in den Blitzhacker geben und grob hacken. Das Olivenöl dazugeben und noch mal für wenige Sekunden mixen.

● Kartoffeln mit dem Pesto vermengen. Je nach Geschmack mit den Rote-Bete-Würfeln und etwas Ziegenfeta bestreut servieren.

Tipp Ich kaufe Rote Bete immer roh und koche sie selbst. So gehe ich sicher, dass kein Zucker oder Sonstiges hinzugefügt wurde. Dazu einfach die Rote Bete in einem Topf mit Wasser etwa 20 Min. köcheln lassen. Gekochte Rote-Bete-Knollen halten sich luftdicht verschlossen im Kühlschrank gelagert 3–4 Tage.

Frischer Papaya-Quinoa-Salat

» Bei diesem Gericht steht wieder unser Korn der Inka im Mittelpunkt, diesmal mit fruchtiger Begleitung. Mit frischer Papaya, kräftigen Kräutern und dem großzügigen Einsatz von Chili wird der Salat zum Star jeder Grillparty.

Für 2–4 Portionen
5–20 Min.

- 200 g bunter Quinoa, frisch gekocht oder vom Vortag
- 1 Handvoll Minzeblätter
- 1 Handvoll Korianderblätter
- ½–1 Avocado
- ½ Papaya
- 2 EL Sesamöl
- 2 EL Limettensaft
- ½–1 EL Zitronensaft
- 1 cm frischer Ingwer
- Salz
- Pfeffer
- ½ TL Chiliflocken
- 1 Handvoll geröstete Erdnüsse

● Falls ihr keinen vorgekochten Quinoa griffbereit habt, den Quinoa gründlich waschen, nach Packungsanleitung kochen und abkühlen lassen.

● Minze und Koriander waschen und hacken. Avocado und Papaya schälen und würfeln.

● Für das Dressing Sesamöl, Limetten- und Zitronensaft sowie den fein geriebenen Ingwer miteinander verrühren und mit Salz, Pfeffer und Chiliflocken abschmecken.

● Alle Zutaten miteinander vermengen. Die Erdnüsse darüberstreuen und den Salat servieren.

Tipp Die unterschiedlichen Quinoa-Sorten (weiß, rot, schwarz) ähneln sich stark im Geschmack. Da aber das Auge bekanntlich auch mitisst, mische ich meist 1–2 verschiedene Sorten, so wirkt der Salat gleich noch spannender.

Buchweizensalat mit Meerrettich und Lachs

» Mit dem Ende meiner Langzeitbeziehung zum Weizen begann meine glückliche Liaison mit dem Buchweizen. Buchweizen scheint immer nur das Beste aus seinen Geschmacksbegleitern herauszuholen. Für aufregende Schärfe sorgt in diesem Fall frisch geriebener Meerrettich.

Für 2 Portionen
⏲ 5–20 Min.

100 g Buchweizen, gekocht • 100 ml Joghurt • 2 EL Olivenöl • 1–2 EL frisch geriebener Meerrettich • 1 TL hausgemachter Senf • Saft von ½–1 Zitrone • 2 große Hände voll Portulak mit grünen Stängeln oder Feldsalat • 100 g geräucherter Lachs • 2 gekochte Eier (optional) • Salz • Pfeffer

- Falls ihr gerade keinen vorgekochten Buchweizen griffbereit habt, den Buchweizen nach Packungsanleitung kochen.

- Für das Dressing Joghurt, Olivenöl, Meerrettich, Senf und Zitrone miteinander vermischen.

- Portulak waschen und in mundgerechte Stücke schneiden. Den Lachs in feine Streifen schneiden, die Eier mit der Gabel zerdrücken.

- Alle Zutaten miteinander vermengen und mit Salz und Pfeffer abschmecken.

Flammkuchen für jeden Tag

» Keine Hefe bedeutet auch keine Gehzeit und so sind diese Flammkuchen im Nullkommanichts zubereitet. Selbst wenn man nach einem langen Tag nach Hause kommt – für die paar Handgriffe reicht die Energie allemal.

Für 1 Blech
⏲ 10 Min. + 10–15 Min. Backzeit

220 g Dinkelmehl (Type 630, 1050 oder Vollkorn) • 2 EL Olivenöl • 1 Eigelb • ½ TL Meersalz • 100 ml Wasser

- Den Ofen mit einem Backblech auf 250 °C Ober-/Unterhitze vorheizen.

- Mehl, Öl, Eigelb, Salz und 100 ml Wasser zu einem Teig verarbeiten, 5 Min. kneten und kurz ruhen lassen.

- In der Zwischenzeit den jeweiligen Belag, z. B. Beeren-Ingwer-Soße (Seite 66), vorbereiten.

- Den Teig sehr dünn auf einem großen Stück Backpapier ausrollen. Den Belag auf dem Teig verteilen und samt Backpapier auf das Backblech heben, dabei bitte nicht die Finger verbrennen!

- Den Flammkuchen im Ofen auf mittlerer Schiene 10–15 Min. backen und sofort servieren.

Flammkuchen mit Kokoscreme und Fenchel

» Mit einem Hauch von Kokos und kräftigem Fenchel starten wir genüsslich in die Arbeitswoche.

Belag für 1 Blech
5–10 Min.

200 ml Schmand oder Crème fraîche • 50 ml Kokosmilch • 1 Fenchelknolle • Meersalz • Pfeffer, frisch gemahlen

- Den Grundteig Flammkuchen (Seite 64) wie beschrieben vorbereiten.

- Schmand und Kokosmilch miteinander verrühren und großzügig auf dem ausgerollten Teig verstreichen.

- Die Fenchelknolle in dünne Scheiben schneiden, auf dem Schmand verteilen, mit Salz und Pfeffer würzen, dann wie im Grundteig beschrieben backen.

Flammkuchen mit Zucchini und Kartoffeln

» Zum Bergfest kommt statt fettiger Pizza ein hauchzarter Flammkuchen mit viel Gemüse auf den Tisch.

Belag für 1 Blech
10 Min.

200 ml Schmand oder Crème fraîche (optional) • 2 Zucchini, fein gerieben • 2 Kugeln Mozzarella • 1 Kartoffel • 4–5 Zweige frischer Thymian • Olivenöl • Meersalz • Pfeffer, frisch gemahlen

- Den Grundteig Flammkuchen (Seite 64)wie beschrieben vorbereiten.

- Nach Geschmack den Schmand oder die Crème fraîche großzügig auf dem ausgerollten Teig verstreichen.

- Die geriebenen Zucchini auf dem Teig verteilen. Mozzarella und die gewaschene und geschälte Kartoffel in hauchdünne Scheiben schneiden und mit den ganzen Thymianzweigen über die Zucchini geben.

- Mit etwas Olivenöl beträufeln, ordentlich mit Salz und Pfeffer würzen, dann wie im Grundteig beschrieben fertig backen.

Flammkuchen mit Beeren-Ingwer-Soße

» Zum Wochenende hin darf es etwas aufregender werden: Feurige Johannisbeer-Ingwer-Soße trifft auf zarten Ziegenkäse.

Belag für 1 Blech
15 Min.

1 TL Senfsamen • 1 große Handvoll Johannisbeeren • Saft von ½ Orange • 1 EL Reisessig • 1 EL Reissirup • 1 EL geriebener Ingwer • Chili (optional) • 200 ml Schmand oder Crème fraîche • Meersalz • Pfeffer, frisch gemahlen • 150 g Ziegenkäse, in Scheiben geschnitten

- Den Grundteig (Seite 64) wie beschrieben vorbereiten.
- Für die Soße die Senfsamen kurz im Topf ohne Fett anrösten.
- Johannisbeeren, Orangensaft, Reisessig und -sirup, Ingwer und Chili hinzugeben und 5–10 Min. köcheln lassen.
- Den Schmand großzügig auf dem ausgerollten Teig verstreichen, dann leicht salzen und pfeffern.
- Den Ziegenkäse und die Beeren-Ingwer-Soße auf dem Schmand verteilen und wie im Grundteig beschrieben fertig backen.

Flammkuchen mit Spinat und Feta

» Zu guter Letzt der Geschmacksklassiker unter den fructosearmen Rezeptideen: Spinat und Feta. Bekommt und schmeckt jeden Tag.

Belag für 1 Blech
5–10 Min.

200 ml Schmand oder Crème fraîche • Meersalz • Pfeffer, frisch gemahlen • 2 große Handvoll frischer Spinat • 200 g Feta

- Den Grundteig (Seite 64) wie beschrieben vorbereiten.
- Schmand großzügig auf dem ausgerollten Teig verteilen, leicht salzen und pfeffern.
- Den Spinat waschen, fein hacken, mit dem zerbröselten oder mit der Gabel zerdrückten Feta vermischen und auf dem Schmand verteilen, dann wie im Grundteig beschrieben backen.

» Flammkuchen mit Spinat und Feta

Für Gemütliche

Mindestens genauso nervenaufreibend wie eine lange Reise ist eine Einladung zum Essen. Nicht nur, dass man sich selbst Gedanken macht, wie man den Abend ohne Bauchgrummeln überstehen kann – auch die Sorge der Gastgeber ist oft groß. »Was genau kannst du denn nicht essen? Oh, keine Tomaten und kein Weizen? Mhm, dann weiß ich gerade nicht wirklich, was ich kochen soll. Nicht wenigstens eine kleine Zwiebel? Du Arme.« Sobald klar wird, dass Zwiebeln und Knoblauch rausfallen, wird oft schlagartig zurückgerudert: Statt »Wir kochen das, was alle vertragen« heißt es dann doch: »Vielleicht können wir dir ja etwas extra kochen.« Bei so viel unberechtigter Panik vor geschmacksfreier Diätkost esse ich doch lieber zu Hause, ganz gemütlich, ohne Zeit- und Bewirtungsstress.

Um dem Gastgeber zu zeigen, was er Leckeres verpasst hat, packt bei der nächsten Einladung doch einfach ein Stück Edamame-Lachs-Quiche ein und stellt sie dem Gastgeber als Katerfrühstück für den nächsten Morgen in den Kühlschrank. Oder ihr schwärmt ihm von eurem unwiderstehlichen Kokos-Huhn-Curry vor. Alles ganz uneigennützig, versteht sich.

« Kokos-Huhn-Curry mit Maisbrot (Seite 82)

Pasta mit Ingwer-Gewürzbutter

» Dieses Pasta-Gericht mag auf den ersten Blick nach wenig aussehen, dafür ist die frisch-würzige Geschmacksexplosion beim Essen umso erstaunlicher. Kräuter sind ein wahrer Segen: gut verträglich und voller Aromen, die jedes Gericht aufwerten. Die Gewürzbutter lässt sich gut portionsweise auf Vorrat einfrieren und ist so immer zur Hand, wenn es doch mal schnell gehen muss. Und wer ein sonniges Plätzchen auf dem Fensterbrett frei hat, sollte dort unbedingt ein paar frische Kräuter ansiedeln.

Für 4 Portionen

⏲ 15 Min. + 30 Min. Kühlzeit

- 200 g weiche Butter
- 20 g frischer Ingwer (mindestens daumengroß), gerieben
- 1 TL Koriandersamen
- 1 TL Cumin
- ½ TL Fenchelsamen
- 1 TL Kurkuma
- ½ TL Himalayasalz
- ½ TL Pfeffer
- 500 g Dinkelspaghetti
- ¼ TL Asant
- Salz
- Pfeffer, frisch gemahlen
- mindestens 2 große Handvoll frischer Kräuter, z. B.: 5 Stiele glatte Petersilie, 3 Stiele Minze, 3 Stiele Basilikum, 3 Stiele Dill

- Für die Gewürzbutter in einer Schüssel Butter, Ingwer und alle Gewürze miteinander vermengen und 30 Min. im Kühlschrank ruhen lassen.

- In der Zwischenzeit die Dinkelspaghetti nach Packungsanleitung kochen. Die frischen Kräuter grob hacken und beiseite stellen.

- Ein Stück Gewürzbutter in einer Pfanne erhitzen und das Asant kurz darin anschwitzen. Die restliche Gewürzbutter dazugeben und erwärmen.

- Die fertigen Nudeln in der heißen Butter schwenken und in eine große Servierschüssel geben. Die frischen Kräuter unterheben und die Spaghetti mit Salz und Pfeffer abschmecken.

Pasta mit Paprika-Sonnenblumenkern-Pesto

» Da mein Vorratsschrank aus allen Nähten platzt, wundert es nicht, dass die Zutaten für dieses Gericht quasi immer griffbereit sind. Macht man es sich außerdem zur Gewohnheit, Nüsse und Samen am Vorabend in Wasser einzuweichen, ist dieses mediterrane Gericht in nur wenigen Minuten auf dem Tisch und lässt anschließend jeden glücklich vom nächsten Sommerurlaub träumen.

Für 4 Portionen

15 Min. + 8 Std. Einweichzeit

- 400 g Dinkelspaghetti
- 4 EL Sonnenblumenkerne, über Nacht in Wasser eingeweicht
- 2 El Salça (geröstete Paprikapaste)
- 10 große Blätter Basilikum
- 1 TL Traubenzucker
- 1 Zehe eingelegter Knoblauch (Seite 30)
- ½ TL getrockneter Oregano
- je 1 Prise getrockneter Rosmarin, Thymian, Chilli
- 1 Msp. Kurkuma
- ½ TL Himalayasalz
- 50 ml Olivenöl
- Salz
- Pfeffer
- 1 EL Ghee
- 1 Msp. Asant
- Ziegenfeta, Parmesan (optional)

● Die Nudeln nach Packungsanweisung kochen. Vor dem Abgießen 1 Kelle Nudelwasser abschöpfen und beiseite stellen.

● Für das Pesto alle Zutaten bis auf das Olivenöl im Blitzhacker oder mit dem Stabmixer pürieren. Das Olivenöl dazugeben und für nur wenige Sekunden weiter mixen, bis alles gut verteilt ist. Olivenöl wird schnell bitter, wenn es zu lange gemixt wird. Das Pesto mit Salz und Pfeffer kräftig abschmecken.

● In einer großen Pfanne das Ghee erhitzen und den Asant kurz darin anschwitzen. Den Herd ausstellen, die Nudeln in die Pfanne geben, gut durchrühren, anschließend Pesto und Wasser dazugeben. Gut verrühren, bis sich das Pesto gleichmäßig verteilt hat. Nach Geschmack mit Parmesan oder Feta bestreut servieren.

Tipp Salça bekommt ihr z. B. im türkischen Supermarkt oder im Feinkostgeschäft. Achtet darauf, dass ihr die ungewürzte Variante ohne Zwiebeln, Knoblauch und Zucker kauft.

Pasta mit Tomaten und Anchovis

» Die Verträglichkeit von Tomaten wird von FI'lern kontrovers diskutiert. Die einen sagen, man solle sich aufgrund des Sorbitgehalts bloß davon fern halten, die anderen meinen, Tomaten seien unbedenklich. Da die Monash University, eine der führenden Institutionen im Bereich der Lebensmittelunverträglichkeiten, jedoch angibt, dass Tomaten in geringem Maße in der Regel verträglich sind, taste ich mich gelegentlich mit ein paar süßen kleinen Tomaten an das Thema heran. Meist mit Erfolg.

Für 2 Portionen
10 Min.

- 200 g Dinkelspaghetti
- 12 Kalamata-Oliven
- 10 kleine Tomaten
- 1 paar Blätter frischer Basilikum
- 1 Zehe Knoblauch (nur für das Aroma)
- 5 EL Olivenöl
- 4 Anchovi-Filets
- 1 Prise Oregano
- 2 TL Kapern
- Parmesan oder Nährhefeflocken nach Geschmack
- schwarzer Pfeffer, frisch gemahlen

● Die Dinkelspaghetti nach Packungsanleitung kochen, abgießen und leicht abtropfen lassen. 3–4 EL vom Nudelwasser für die Soße aufheben.

● Die Oliven entkernen und vierteln, die Tomaten waschen und vierteln, das Basilikum in feine Streifen, den Knoblauch in grobe Scheiben schneiden.

● Das Olivenöl in einer beschichteten Pfanne langsam erwärmen und den Knoblauch mit den Anchovi-Filets in die Pfanne geben. Diese leicht anbraten, bis die Anchovi-Filets zerfallen. Den Knoblauch aus der Pfanne nehmen und wegwerfen.

● Die Tomaten und den Oregano zu den Anchovis geben und für ein paar Minuten köcheln, bis die Tomaten weich sind.

● Nudelwasser, Nudeln, Oliven und Kapern zu den Tomaten geben. Alles gut miteinander vermengen und anschließend mit Basilikum, Parmesan und schwarzem Pfeffer servieren.

Edamame-Lachs-Quiche

» Bei Edamame (grüne Sojabohnen) und Lachs muss ich unweigerlich an unseren Lieblingsjapaner in Berlin denken. Ein winziger Laden, der mit simplen, aber großartigen Delikatessen, wie knackig-salzigen Edamame und mit Lachs gefüllten Reisbällchen, unsere Mägen betört. Aber muss es eigentlich immer Reis als Beilage sein? Und schon ist die Idee zu einer japanisch angehauchten Quiche und einem echten Protein-Booster geboren.

Für 12 Stück

20 Min. + 1 Std. Kühlzeit + 35 Min. Backzeit

- 200 g Dinkelmehl
- 110 g kalte Butter, gewürfelt
- ½ TL Meersalz
- 2–4 EL Eiswasser
- 250 g Lachs (frisch oder TK)
- 70 g Edamame-Bohnen
- 200 ml Milch oder Hafermilch
- 100 ml lactosefreie Sahne
- 3 Eier
- 1 EL hausgemachter Senf
- 2 Handvoll geriebener Parmesan
- Salz
- Pfeffer
- 2 Handvoll Rucola (optional)

● Dinkelmehl, Butter und Salz in eine Schale geben. Die Butter mit den Händen in den Teig einarbeiten, sodass noch Butterflocken erkennbar sind. Nach und nach das Wasser dazugeben. Den Teig mehrfach teilen und auseinanderziehen, die Stücke übereinanderstapeln und andrücken, sodass sichtbare Schichten entstehen, die dem Teig ihre blätterteigartige Konsistenz geben. Damit der Teig nicht zu warm wird, zügig arbeiten. Den Teig mindestens 1 Stunde kalt stellen.

● Den Teig dünn ausrollen und vorsichtig in eine Quicheform (28 cm Durchmesser) legen. Innen mit einem Stück Backpapier auslegen, mit rohem Reis beschweren und ca. 10–15 Min. vorbacken.

● Den Lachs in Stücke schneiden. Die Edamame mit heißem Wasser abspülen und schälen. In einer Schüssel Milch, Sahne und Eier vermengen.

● Den vorgebackenen Boden mit einer dünnen Schicht Senf bestreichen und mit 1 Handvoll Parmesan bestreuen. Den Lachs und die Edamame auf dem Teig verteilen, mit Salz und Pfeffer würzen, dann die Eimasse darübergießen. Mit dem restlichen Parmesan bestreuen und im unteren Drittel des Ofens bei 190 °C ca. 25 Min. goldbraun backen.

● Die Quiche etwas abkühlen lassen und mit Rucola garniert servieren.

Kumpir

» Jeder, der schon mal eine echte Kumpir gesehen hat, weiß, dass das keine fructosearme Angelegenheit ist. Kumpir sind mit Bulgursalat, Käse oder Mais gefüllte, in Mayo und Ketchup schwimmende Folienkartoffeln, die sich in der Türkei großer Beliebtheit erfreuen. Da sich solche Kartoffeln jedoch gut vorbereiten und mit durchaus raffinierteren Dingen füllen lassen, eignen sie sich prima, um auch größere Gästegruppen nicht hungrig nach Hause schicken zu müssen. Hier meine Lieblingsvariante.

Für 2 Portionen
⏲ 60 Min.

Kartoffeln:
- 2 große Backofenkartoffeln (je ca. 300 g)
- 2 gekochte Eier, mit der Gabel zerdrückt
- 2 Stück Butter
- 4 EL Parmesan
- ¼ TL Meersalz
- 1 Knolle gekochte Rote Bete, gewürfelt

Minz-Haselnuss-Pesto:
- 1 große Handvoll frische Minze
- 60 g Haselnüsse, 20 Min. in Wasser eingeweicht
- 50 g Parmesan
- 1 eingelegte Knoblauchzehe (Seite 30)
- 90 ml Olivenöl
- Salz
- Pfeffer

● Die Kartoffeln waschen, rundherum einstechen und einzeln in Alufolie wickeln. 40–60 Min. im vorgeheizten Backofen bei 220 °C Ober-/Unterhitze backen. Die Kartoffeln nach etwa 30 Min. wenden.

● Für das Pesto Minze, Haselnüsse, Parmesan und Knoblauch im Mixer klein hacken. Olivenöl dazugeben und wenige Sekunden weiter mixen, bis sich das Öl verteilt hat. Mit Salz und Pfeffer abschmecken und kalt stellen.

● Die fertigen Kartoffeln etwas abkühlen lassen, dann längs einschneiden, dabei die Kartoffel nicht ganz durchschneiden.

● Das Innere der Kartoffeln mit einem Löffel herauskratzen und in eine Schale geben. Eier, Butter, Parmesan und Salz dazugeben und mit der Gabel oder dem Kartoffelstampfer alles gut zerdrücken und vermischen.

● Die Kartoffelmischung zurück in die ausgekratzten Kartoffeln geben. Rote Bete und 4 Esslöffel Minz-Haselnuss-Pesto darübergeben und servieren.

Risotto à la Lev

Das Wichtigste beim Risottokochen ist rühren, rühren, rühren, damit nichts unten am Topf anbrennt. Allein durch das Rühren erhält Risotto seine sämige Konsistenz. Das Zweitwichtigste: Lasst euch Zeit!

Wenn ich koche, sieht das in der Regel so aus: Man nehme dies und das, werfe es in einen Topf, gebe nach Lust und Laune Gewürze hinzu, koche nebenher Reis, Nudeln oder Kartoffeln, rühre ein wenig um und fertig. Risotto hingegen? Gähnende Langeweile und zum Schluss ein Tennisarm. Wenn es doch bloß nicht so gut schmecken würde. Glück für mich, dass mein Freund Lev mir nicht nur sein Geheimrezept verraten hat, sondern auch seine Arme zur Verfügung stellt und mich so schön oft mit Risotto bekocht.

Levs Richtwert liegt bei 25–30 Min. Rührzeit. Wann die Extras dazugegeben werden, hängt ein wenig davon ab, was verwendet wird. Klein gehackte Brokkoliröschen kommen z. B. mit 10 Min. Kochzeit gut aus. Anderes Grün wie Spinat und Zucchini braucht dagegen nur 1–2 Min.

Grundrezept Risotto à la Lev

» Erlaubt ist, was das Herz begehrt und der Kühlschrank hergibt: hier Levs gehütetes Risottorezept plus meine drei Lieblingsvariationen.

Für 2 Portionen
40 Min.

500–600 ml Wasser • ½ EL gekörnte Brühe (Seite 25) • 180 g Risottoreis • 60 g Ghee oder Butter • 1 Msp. Asant oder 1 Zehe eingelegter Knoblauch (Seite 30) • 100 ml trockener Weißwein (optional) • 50 g Parmesan • Parmesan zum Servieren

- In einem Topf Wasser und Brühe aufkochen und auf niedriger Stufe warm halten.
- Den Reis unter fließendem Wasser waschen.

Trüffel-Garnelen-Risotto

- In einem Topf 40 g Ghee erhitzen. Den Asant oder in Scheiben geschnittenen Knoblauch dazugeben und kurz anbraten, dann den Reis gut unterrühren. Nach Belieben einen Schuss Weißwein dazugeben. Die Hitze etwas runterschalten. Zwei Kellen Brühe dazugeben und immer weiter rühren. Die Flüssigkeit sollte nicht verdampfen, sondern ganz langsam vom Reis aufgenommen werden können. Erst wenn fast die gesamte Brühe aufgesogen wurde, die nächste Kelle dazugeben. So fortfahren, dabei ununterbrochen weiterrühren.

- Wenn etwa noch 10 Min. Kochzeit übrig sind, könnt ihr kochfesteres Gemüse wie Brokkoli unterrühren. Ist die gesamte Flüssigkeit verarbeitet, den Topf von der Platte nehmen.

- Das restliche Ghee sowie den Parmesan unter den Reis heben und das Risotto 5 Min. ruhen lassen.

- Noch etwas mehr Parmesan hobeln sowie die Toppings zum Servieren vorbereiten.

Brokkoli-Walnuss-Risotto

Benötigt werden ½ Brokkolikopf und 1 Handvoll Walnüsse. Brokkoli fein hacken und nach etwa 20 Min. Kochzeit unter den Reis rühren. Das fertige Risotto mit den grob gehackten Walnüssen und Parmesan servieren.

Fenchel-Zitronenmelisse-Risotto

Benötigt werden 1 kleine Fenchelknolle und 2–3 Stängel Zitronenmelisse. Fenchel würfeln und nach 20 Min. Kochzeit unter den Reis rühren. Das fertige Risotto mit der fein gehackten Zitronenmelisse und Parmesan servieren.

Trüffel-Garnelen-Risotto

Benötigt werden ½ kleines Glas Trüffel-Carpaccio oder Trüffel-Öl und pro Person 10 Riesengarnelen. Garnelen in Ghee mit 3 leicht zerdrückten Knoblauchzehen oder Asant anbraten. Knoblauch und Garnelen aus dem Topf nehmen und den Knoblauch wegwerfen. Im selben Topf das Risotto wie beschrieben kochen. Jede Portion mit Parmesan, Garnelen und ein wenig Trüffel-Carpaccio servieren.

Tipp Was die Wenigsten wissen: Parmesanrinde enthält die meisten Aromen. Also die Rinde auf keinen Fall wegwerfen, sondern als Gewürzbeilage in der nächsten Fenchelsuppe (Seite 96) verwerten.

Selleriepüree

» Die folgenden vier »Kleinen« sind einfach zubereitet und kommen gut mit anderen Kindern aus; sprich: Wer etwas Abwechslung in der Beilagenküche sucht, ist hier genau richtig. Probiert statt bodenständigem Kartoffelpüree doch mal diese süße Variante aus Sellerie.

Für 2–4 Portionen
15 Min.

1 Sellerieknolle, geschält (ca. 400 g) • 2 TL Ghee oder Butter • 250 ml Hafersahne • 1 Prise Salz • Pfeffer, frisch gemahlen • Muskat • Ghee oder Butter zum Servieren

- Die geschälte Sellerieknolle würfeln und mit Ghee kurz bei mittlerer Hitze andünsten.

- Die Hafersahne dazugeben und ca. 10 Min. kochen, bis alles weich ist.

- Das Gemüse mit dem Stabmixer cremig pürieren. Mit Salz, Pfeffer und Muskat abschmecken. Pur oder mit etwas Ghee beträufelt servieren.

Gebackene Auberginen

» Einfach pur oder an der Seite von anderem Ofengemüse: Diese Auberginen machen auf jeden Fall eine sagenhaft gute Figur.

Für 2 Portionen
10 Min. + 45 Min. Backzeit

2 Auberginen, lang und schmal, möglichst gleich groß • etwas Olivenöl zum Einpinseln • 200 g Joghurt • ½ Handvoll frische Minze, gehackt • 1 Zehe eingelegter Knoblauch (Seite 30), gepresst, optional • Salz • Sumac • Pfeffer, frisch gemahlen

- Die Auberginen waschen, längs halbieren und die Innenflächen karoartig einritzen.

- Die Auberginenhälften rundherum mit etwas Olivenöl einpinseln und mit der Schnittfläche nach unten auf ein mit Backpapier ausgelegtes Backblech legen. Im vorgeheizten Ofen bei 220 °C Ober-/Unterhitze etwa 45 Min. backen, bis die Auberginen weich sind.

- In der Zwischenzeit Joghurt, Minze und Knoblauch miteinander vermengen, mit Salz abschmecken und kalt stellen.

- Die fertigen Auberginen mit dem Joghurt, einer Prise Sumac und Pfeffer servieren.

Marinierter Rohkoli

» Dieser Salat geht an heißen Sommertagen durchaus als volle Mahlzeit durch. Übrigens, Brokkoli liebt Senf: Geschmacklich sind beide wie Topf und Deckel und mithilfe des Senfs können wir auch die Nährstoffe des Brokkolis besser verwerten.

Für 4–6 Portionen
15 Min. + 4 Std. Kühlzeit

1 großer Brokkolikopf • 150 ml Olivenöl • 2 EL Sesamöl • 2 EL Apfelessig • 2 EL Senfsamen (gelb und schwarz gemischt) • 1 TL Himalayasalz • 1 eingelegte Knoblauchzehe (Seite 30), gepresst • 1 Prise Chiliflocken nach Geschmack • 2 Handvoll Mandeln (über Nacht in Wasser eingeweicht) • Pfeffer, frisch gemahlen

- Den Brokkoli waschen und in mundgerechte Stücke teilen.

- Öle, Essig, Senfsamen (ganz oder gemahlen), Salz, Knoblauch und Chili miteinander verrühren.

- Das Dressing mit dem Brokkoli mischen und 4 Stunden oder über Nacht im Kühlschrank ziehen lassen.

- Die eingeweichten Mandeln abgießen, abspülen, grob hacken und über den Salat streuen. Den Brokkoli mit Pfeffer abschmecken und gekühlt servieren.

Sesamkartoffeln à la Katrin

» Dieses Rezept hat mir Katrin, Bloggerin und ebenfalls FI'lerin, verraten. Nur eine kleine Variante habe ich mir erlaubt: Statt wie von ihr vorgeschlagen weißen Sesam zu verwenden, bevorzuge ich hier schwarzen. Dadurch bekommen die zarten Frühkartoffeln gleich noch mehr Charakter.

Für 4–6 Portionen
10 Min. + 25 Min. Backzeit

1 kg kleine Frühkartoffeln • 2 EL Olivenöl oder Ghee • 2 TL Himalayasalz • 3–4 EL schwarzer Sesam

- Die Kartoffeln gründlich waschen. Da die Schale bei Frühkartoffeln schön dünn und delikat ist, kann man sich das Schälen sparen.

- Kartoffeln halbieren, in eine große Schüssel geben und mit Öl, Salz und schwarzem Sesam vermengen. Sie sollten auf keinen Fall in Öl schwimmen, sonst werden sie nicht knusprig.

- Die Sesamkartoffeln auf ein mit Backpapier ausgelegtes Backblech geben und im vorgeheizten Ofen bei 200 °C Ober-/Unterhitze 20–30 Min. backen, bis sie leicht gebräunt und knusprig sind.

Schwarzer Reis mit Gemüse

›› Schwarz ist das neue Vollkorn. Nachdem alle Welt aufs volle Korn umgestiegen ist, geht der Trend nun mit Vollgas in Richtung Schwarz. Mit einem hohen Maß an Zink und Antioxidanzien haben schwarzer Sesam, schwarzer Reis, Chia-Samen und Heidelbeeren weitläufig den Titel »effektive Anti-Aging-Mittel« abgestaubt. Da schauen wir mal, was der aromatische schwarze Reis so kann.

Für 2 Portionen
35 Min. + 12 Std. Einweichzeit

- 125 g schwarzer Reis
- 250 ml Wasser
- 1 TL Kokosöl (optional)
- 1 kleiner Kopf Brokkoli
- 1 große Karotte
- 2 cm Ingwer
- 2 Knoblauchzehen (optional)
- 2 EL Sesam
- 1–2 EL Kokosöl oder Ghee
- ½ TL Meersalz
- ½ TL Kurkuma
- ½ TL Chiliflocken
- 1 Zitrone
- Pfeffer
- frische Minze

● Den gewaschenen schwarzen Reis mit Wasser bedeckt in einer Schüssel 12 Stunden einweichen. Dann erneut durchspülen und abtropfen lassen.

● Den Reis in einem Topf mit 1 TL Kokosöl kurz unter Rühren andünsten. Wasser dazugeben, den Reis aufkochen und abgedeckt 25–30 Min. köcheln lassen.

● Den Brokkoli waschen und in Röschen teilen. Die Karotte schälen und in Streifen schneiden. Die Knoblauchzehen schälen und leicht zerdrücken. Den Ingwer in Scheiben schneiden.

● Ingwer und Knoblauch in einen Topf geben und einen Gareinsatz in den Topf hängen. Den Boden des Topfes mit Wasser bedecken, dieses aufkochen lassen, das Gemüse in den Gareinsatz legen und abgedeckt 5 Min. garen.

● Den Sesam in einer Pfanne anrösten und beiseite stellen. In derselben Pfanne das Kokosöl erhitzen. Salz, Kurkuma und Chili dazugeben und 1 Min. dünsten. Den Reis hinzufügen und alles vermischen.

● Reis und Gemüse mit Zitronensaft und Pfeffer abschmecken und mit gehackter Minze und Sesam servieren.

Kokos-Huhn-Curry

» Gerade wenn man nicht alles verträgt, sollte man neugierig andere Geschmackswelten entdecken und sich einfach herauspicken, was einem gut bekommt. So wird's nie langweilig. Curry ist zwar kulinarisch nichts Neues, jedoch kommt diese Variante ganz ohne Zwiebeln aus und der Asant (Seite 15) sorgt dafür, dass auch alles andere verträglicher wird. Currypulver ohne Zwiebeln und Knoblauch findet ihr im gut sortierten Biomarkt.

Für 2 große oder 4 kleine Portionen
50 Min.

- 1 TL ganzer Cumin
- 1 TL Koriandersamen
- 1 eingelegte Knoblauchzehe (Seite 30)
- 4 cm frischer Ingwer, gerieben
- 1 TL Currypulver
- ½ TL Meersalz
- 2–3 EL Kokosöl
- 1 EL Tomatenmark
- 1 Chilischote
- 300 g Hühnerbrust
- 200 g Karotten
- ½–1 Bund frischer Koriander
- 3 EL Ghee (Seite 24)
- ¼ TL Asant
- ¼ TL Kurkuma
- 300 ml Kokosmilch
- 1 Handvoll gehobelte Mandeln
- 200 ml Wasser
- Naturjoghurt
- einige Limettenspalten

● Für die Currypaste Cumin und Koriandersamen 2 Min. in einer Pfanne ohne Fett anrösten und anschließend im Mörser fein mahlen. Cumin und Koriander zusammen mit Knoblauch, Ingwer, Curry, Salz, Kokosöl, Tomatenmark und Chili mit dem Stabmixer zu einer Paste pürieren. Gegebenenfalls etwas Kokosöl dazugeben.

● Die Hühnerbrust waschen und in mundgerechte Stücke schneiden. Die Karotten schälen und würfeln. Den Koriander waschen, die Blätter abzupfen. Die Korianderstiele klein hacken.

● In einem Topf Ghee erhitzen, Asant und Kurkuma kurz darin anbraten. Die Korianderstiele dazugeben. Die Hühnerbrust, Currypaste, Karotten, Kokosmilch und Mandelblättchen hinzufügen, alles gut miteinander verrühren. Wasser dazugeben, alles einmal aufkochen lassen, dann 30 Min. köcheln lassen, bis die Flüssigkeit sich reduziert hat.

● Das Curry auf Schalen verteilen, mit Naturjoghurt, Limettenspalten und Korianderblättern servieren.

Das passt dazu Maisbrot oder Reis

Maisbrot

» Nicht nur in der Türkei hat Maisbrot eine lange Tradition, auch in Indien oder den Südstaaten der USA hat es seinen festen Platz im täglichen Speiseplan. Wie ein perfektes Maisbrot zu schmecken hat, ist natürlich eine Wissenschaft für sich und jeder hat da so sein Geheimrezept. Frisch und fluffig, freut sich diese Variante über Gesellschaft in Form von herzhaftem Käse oder wärmenden Currys.

Für einen kleinen Laib Brot

10 Min. + 8 Std. Kühlzeit + 60 Min. Backzeit

- 250 g Maismehl
- 500 ml Naturjoghurt (10 % Fett)
- 20 g Ghee oder Butter
- 1 EL Reissirup
- 1 gestrichener TL Kurkuma, gemahlen
- 4 leicht gehäufte EL Kartoffelmehl
- 2 Eier
- ½ TL Himalayasalz
- 1 TL Backpulver

- Maismehl und Naturjoghurt in eine Schüssel geben und miteinander vermengen. Den Teig abgedeckt über Nacht im Kühlschrank ruhen lassen.

- Am nächsten Tag den Ofen auf 190 °C Ober-/Unterhitze vorheizen. Ghee in eine Kastenform (22 cm Länge) geben und diese in den Ofen stellen.

- Die restlichen Zutaten zum Teig geben und mit dem Handrührgerät verrühren, bis ein glatter Teig entsteht.

- Die heiße Form vorsichtig aus dem Ofen holen. Den Teig in die Form gießen. Das heiße Ghee darf dabei ruhig oben auf dem Teig schwimmen, so entsteht eine knusprige Kruste.

- Das Maisbrot etwa 60 Min. goldbraun backen (am Zahnstocher sollte kein Teig mehr hängen bleiben).

- Das Brot 10 Min. auskühlen lassen, dann stürzen. Noch warm mit gesalzener Butter servieren oder ausgekühlt kurz im Toaster anrösten. Reste in Scheiben einfrieren und nach Bedarf im Toaster aufbacken.

Tipp Wem das Maisbrot pur zu langweilig ist, der kann frische oder getrocknete Kräuter dazugeben. Von Rosmarin, Thymian bis Salbei – Maisbrot harmoniert mit so gut wie allem.

Zudeln mit Lachs

» Für alle Nudelfreaks, die auch im Sommer auf ihre Kosten kommen möchten, es aber vorziehen, ohne gefühlten Backstein im Magen durch die Freibäder zu flanieren, gibt es jetzt die Lösung: Zudeln! Feine, spaghettiartig geschnittene Zucchini. Leicht und lecker, und ganz ohne Mehl! Mit dem Spiralschneider bekommt man schön lange Zudeln hin, die sich gut auf den Löffel aufwickeln lassen. Man kann die Zucchini aber auch einfach mit einem Sparschäler zu Bandnudeln hobeln.

Für 2 Portionen

30 Min. + 15 Min. Backzeit

- 2 kleine Zucchini (ca. 500 g)
- 4 EL Olivenöl
- 3 EL frischer Zitronensaft
- ¼ TL Meersalz
- Pfeffer, frisch gemahlen
- 4 EL Kürbiskerne
- 2 TL Kokosöl
- 2 Lachsfilets à 100 g
- 1 Zehe eingelegter Knoblauch (Seite 30), in Scheiben geschnitten
- Chiliflocken nach Geschmack

● Die Zucchini mit dem Gerät eurer Wahl in spaghettiartige, dünne Streifen schneiden. Dabei den Kern der Zucchini aussparen, da er zu weich ist und die Zudeln sonst zerfallen.

● Die Zudeln mit Öl und Zitronensaft vermengen, mit Salz und Pfeffer abschmecken und die Kürbiskerne dazugeben. Etwa 20 Min. marinieren lassen.

● Zwei etwas größere Stücke Alufolie oder Backpapier bereitlegen, aus denen sich kleine, zeltartige Pakete falten lassen. Auf jedes Stück Folie ½ TL Kokosöl geben, die Lachsfilets daraufsetzen. Das restliche Kokosöl, Knoblauch und Chilli auf dem Lachs verteilen. Die Folienenden über dem Lachs einschlagen, sodass noch reichlich Luft über dem Fisch ist. Die Seiten ebenfalls einschlagen.

● Die Pakete auf ein Blech oder in eine Auflaufform geben und im Backofen auf mittlerer Schiene bei 200 °C Ober-/Unterhitze 10–15 Min. backen. Die Zudeln auf zwei Teller verteilen, den Lachs darauf anrichten und servieren.

Hausgemachte Brötchen für die Burger Night

» Wenn mich doch mal die Lust auf einen Burger packt, dann muss es schon etwas Besonderes sein. Am wichtigsten sind dabei gutes Fleisch, würzige Soßen und vor allem ein saftig-fluffiges Hamburgerbrötchen statt dröger Supermarktpappe. Letzteres wird oft unterschätzt. Dabei steht und fällt der ganze Burger im wahrsten Sinne des Wortes mit der Qualität seines Brötchens.

Für 4 Brötchen

10 Min. + 75 Min. Zeit zum Gehen + 12 Min. Backzeit

- 10 g Frischhefe oder 1 TL Trockenhefe
- 70 ml lauwarmes Wasser
- 130 g Dinkelmehl Type 630
- 100 g Dinkelmehl Type 1050
- 50 ml Olivenöl
- 20 g Traubenzucker
- 1 EL Bio-Quark (Magerstufe)
- 1 Ei
- 1 Prise Salz
- Wasser
- 1 TL Sesam
- Ghee

● Hefe und Wasser miteinander verrühren und 5 Min. stehen lassen.

● Mehl, Olivenöl, Traubenzucker, Quark, Ei und Salz in einer Schüssel verrühren. Nach und nach das Hefewasser dazugeben und 10 Min. kneten, bis der Teig sich von der Schüssel löst. Den Teig abgedeckt 45 Min. an einem warmen Ort gehen lassen.

● Den Boden einer kleinen Spring- oder Auflaufform (ca. 20 cm Durchmesser) mit Backpapier auslegen.

● Arbeitsfläche mit etwas Mehl bestäuben, den Teig mit einem Messer in 4 Portionen teilen. Die Teigpäckchen nun nacheinander zu Kugeln formen, dabei aber nicht kneten. Dazu Teig von außen in die Mitte des Brötchens ziehen, die Enden zusammendrücken und einkneifen. Die Teiglinge mit den hohlen Händen vorsichtig rund formen und in die vorbereitete Form setzen. Die Brötchen abgedeckt weitere 30 Min. gehen lassen.

● Die Oberseite der Brötchen mit etwas Wasser bestreichen und mit Sesam bestreuen. Im vorgeheizen Backofen bei 200 °C 12 Min. goldbraun backen, dabei die Form zwischendurch einmal drehen. Die Brötchen aus dem Ofen nehmen, sofort mit etwas Ghee bestreichen und mit einem Tuch abdecken, damit sie nicht austrocknen.

Burger-Patties

» Weich, soßig, saftig. So sollte das Erlebnis sein, wenn man genüsslich in seinen Burger beißt, und nicht anders. Wenn das Fleisch zu zäh ist und einem nicht über alle Finger Soße läuft, braucht man erst gar keinen Burger in die Hand zu nehmen. Nachdem wir die Sache mit den Brötchen bereits erfolgreich gemeistert haben, hier noch ein paar Tipps, wie auch das Fleisch ein Genuss wird.

Für 5–6 Burger-Patties
15 Min.

- 500 g Rinderhackfleisch
- 1 TL Rosmarin
- 1 TL Paprika
- 1 Prise Meersalz
- Pfeffer, frisch gemahlen
- 2–4 EL kaltes Wasser

● Hackfleisch, Gewürze und 2 EL Wasser in eine Schale geben und die Gewürze ganz vorsichtig einarbeiten. Dabei das Fleisch nicht wild kneten, sondern eher leicht mit den Fingern einweben. Wenn ihr das Fleisch zu stark knetet, wird es fest und dröge. Behutsam die Burger-Patties formen.

● Eine beschichtete Pfanne auf hoher Stufe erhitzen. Sobald die Pfanne richtig heiß ist, das Fleisch in die Pfanne legen und mit dem Daumen in die Mitte eine kleine Mulde drücken, dadurch bleiben die Patties besser in Form. Ganz wichtig für die nächsten 4–5 Min.: Finger weg! Das Fleisch sollte weder angedrückt, hin und her geschoben, noch alle 30 Sekunden gewendet werden. Lasst es ungestört 4–5 Min. auf der einen, dann weitere 3–4 Min. auf der anderen Seite braten. Und schon seid ihr bereit für ein fröhliches Burger-Topping-Wettstapeln.

Tipp Meine Lieblings-Toppings: hausgemachter Senf (Seite 31), Avonnaise (Seite 59), Ziegen- oder Bergkäse in Scheiben für leckere Cheeseburger, ein Spiegelei mit noch weichem Eigelb, das sorgt für leckere Extra-Kleckerei, gegrillte Zucchini und Aubergine, fructosearmer Ketchup.

Brunch

Alleine essen macht nur halb so viel Spaß wie in Gesellschaft. Wer aber denkt, fructosearme Gerichte haben kein Partypotenzial, der irrt sich gewaltig. Dabei war der perfekte Brunch für unsereins noch nie so einfach. Man bereitet einfach alles am Vorabend vor und wenn es soweit ist, kann man sich voll und ganz dem Essen, Verzeihung, den Gästen widmen. Von deftig bis süß ist für jeden etwas dabei, der auch mal einen Blick über den Stullenrand werfen möchte. Es dürfen weder köstliche Müsli-Nuggets noch die orientalische Frühstücksspezialität Shakshuka fehlen. Kuchen zum Frühstück? Na klar! Beim Brunch darf es gerne mal etwas dekadenter zugehen. Wobei das schlechte Gewissen hier zu Hause bleiben kann, denn der glutenfreie Erdbeerkuchen ist nur mit Reissirup gesüßt. Ein Brunch, auf dem nicht mindestens ein Mal der Satz »Boah, ich werd nie wieder etwas essen!« fällt, verdient seinen Namen eh nicht. Damit Magen und Darm trotzdem bei Laune bleiben, gibt es zwischendurch unseren kleinen Verdauungshelfer.

« Quasi-Shakshuka (Seite 93)

Glutenfreier Frühstückskuchen mit Erdbeeren

» Keine Sorge, dieser Kuchen ist keine süße Sünde: Glutenfrei, nur mit Reissirup gesüßt und dank Braunhirse vollgepackt mit Kieselsäure, die den Aufbau von Knochen und Bindegewebe fördert. Durch die Pekannüsse bekommt er seine nussig-buttrige Note. Am besten schmeckt der Kuchen übrigens, wenn er eine Nacht ziehen durfte.

Für einen Kuchen
15 Min. + 25–30 Min. Backzeit

- 150 g Erdbeeren
- 1 EL Kartoffel- oder Reisstärke
- 120 ml Reismilch plus 1 Spritzer Zitronensaft, alternativ Buttermilch
- 50 g gemahlene Pekannüsse oder Mandeln
- 50 g Braunhirsemehl oder normales Hirsemehl
- 45 g Vollkorn-Buchweizenmehl
- 1 TL Chia-Samen
- ½ TL Backpulver
- 1 Prise Natron
- 1 Prise Himalayasalz
- 70 g weiche Butter
- Mark einer ½ Vanilleschote oder ½ TL gemahlene Vanille
- 3 EL Reissirup oder Traubenzucker
- 3 Eier (Größe M)

● Eine Springform (ca. 20 cm Durchmesser) am Rand einfetten, den Boden mit Backpapier auslegen.

● Die Erdbeeren waschen, vierteln und mit der Kartoffelstärke bestäuben. Reismilch mit der Zitrone vermengen.

● In einer Schüssel Nüsse, Braunhirse- und Buchweizenmehl mit Chia-Samen, Backpulver, Natron und Salz vermengen.

● Butter und Vanille in einer Schüssel mit dem Mixer 1–2 Min. cremig rühren. Den Reissirup dazugeben, nacheinander auch die Eier, dabei weiterrühren. Abwechselnd das Mehl und die Reismilch dazugeben und alles noch einmal gut verrühren.

● Die Hälfte des Teigs in die Form geben, einen Teil der Erdbeeren darauf verteilen. Mit dem restlichen Teig bedecken und die übrigen Erdbeeren auf dem Teig verteilen. Im vorgeheizten Ofen bei 175 °C Umluft 25–30 Min. backen. Der Kuchen ist fertig, wenn an einem Zahnstocher oder Messer beim Hineinpieksen keine Teigrückstände mehr haften bleiben.

● Den Kuchen kurz abkühlen lassen, anschließend aus der Form nehmen, auf ein Gitter stellen und vor dem Servieren komplett auskühlen lassen.

Hanf-Amaranth-Nuggets

» Hanf liebt Amaranth und Banane. Und nur 20 Minuten später genießen wir knusprige Müsli-Nuggets, z. B. in kalte Reismilch eingetaucht und zwischen frischen Johannisbeeren tanzend. So einfach kann ein Müsli sein. Oft verschwinden diese kleinen Racker aber auch ganz ohne Milch.

Für ca. 20 Nuggets
10 Min. + 20 Min. Backzeit

- 1 große Banane
- 80 ml Kokosöl, flüssig
- 40 g Reissirup
- ¼ TL gemahlene Vanille
- 1 Prise Muskat
- 1 Prise Salz
- 180 g Haferflocken (Feinblatt)
- 30 g Hanfsamen (Seite 17)
- 30 g gehobelte Mandeln
- 2 EL Amaranth

- Ofen auf 180 °C Ober-/Unterhitze vorheizen. Ein Backblech mit Backpapier auslegen und beiseite stellen.

- Banane, Kokosöl, Reissirup und Gewürze im Mixer zu einer glatten Masse verrühren. Die Haferflocken dazugeben und 30 Sekunden mixen, bis die Haferflocken komplett in der Masse aufgegangen sind. Hanfsamen, Mandeln und Amaranth dazugeben und kurz weiter mixen.

- Teelöffelgroße Teigportionen auf das Backblech geben. Die Nuggets ungefähr gleich groß formen und platt drücken. Wer es eilig hat, kann die Masse auch mit dem Teigschaber fingerdick aufs Backblech streichen und nach dem Backen mit dem Messer in kleine Rechtecke schneiden.

- Die Nuggets je nach Größe 20–30 Min. backen. Nach 15 Min. die Stücke einmal umdrehen und die letzten 10 Min. im Auge behalten, damit sie nicht verbrennen. Wer es lieber etwas weicher mag, nimmt die Nuggets nach etwa 20–25 Min. aus dem Ofen, dann kommt der Bananengeschmack auch noch etwas stärker durch.

Tipp Wenn euer Kokosöl zu hart ist, stellt es einfach kurz in die Nähe des Herdes oder erwärmt die benötigte Menge bei mittlerer Hitze in einem kleinen Topf.

Quasi-Shakshuka

» Statt traditionell in Tomatensoße und Zwiebeln gebacken, kommt unser Kräuter-Shakshuka wesentlich fructosefreundlicher daher.

Für 2–4 Portionen
15 Min.

Für die Paprikapaste: 100 ml Wasser • 100 ml Sahne, z. B. Hafersahne • 2 EL Salça (Paprikapaste) oder Tomatenmark • je ½ TL getrockneter Thymian, Bärlauch, Oregano, gemahlener Cumin • ¼ TL Kurkuma • 1 Prise Salz
Sonstiges: 1 EL Ghee • 2 Handvoll frischer Babyspinat oder frische Brennnessel • 4 Eier • 1 Handvoll frische Petersilie (optional) • 1 Zweig frische Minze (optional) • Pfeffer

- Alle Zutaten für die Paprikapaste in eine Schüssel geben und mit dem Schneebesen verrühren.

- Ghee in einer Pfanne auf mittlerer Stufe erhitzen. Die Paprikapaste dazugeben. Den Spinat unterrühren, nacheinander die Eier darüber aufschlagen. Die Pfanne mit einem Deckel abdecken und die Eier für 5 Min. stocken lassen.

- Petersilie und Minze grob hacken, über die fertigen Eier streuen, mit frischem Pfeffer würzen und servieren.

Kleiner Verdauungshelfer

» Genau dann, wenn das wohlig schöne Gefühl, sich die Plauze vollgehauen zu haben, in leichte Reue umzuschwenken droht, ist der Moment für diesen kleinen Verdauungsschubser gekommen.

Für ca. 6 Portionen
5 Min.

500 ml Kefir • 100 ml Wasser • 1 große Handvoll frische Minze • 1 Prise Fenchelsamen (optional) • 1 Prise Meersalz • 1 Prise Pfeffer, frisch gemahlen

- Alle Zutaten bis auf Salz und Pfeffer mit dem Stabmixer so lange mixen, bis die Minze fein zerkleinert ist.

- Jede Portion mit etwas Salz und Pfeffer gewürzt servieren.

Das perfekte Dinner

Ein Abend mit Freunden ist die beste Gelegenheit zu zeigen, dass verträgliches Essen nicht nur aus trockenen Reiswaffeln besteht. Hier kommt der ultimative Beweis.

Bei dieser Geschmacksexplosion denkt man unweigerlich an einen gemütlichen Winterabend bei Kerzenschein. Frischer Fenchel zum Einstieg, danach knusprige Entenbrust, fruchtig-erdiger Orangen-Spinat-Salat und cremige Hirse mit frischen Kräutern. Ein kleines Festmahl, das man sich jedoch nicht nur für kalte Tage aufzuheben braucht, sondern das auch an Spätsommerabenden für wahre Freudentaumel sorgt. Als krönender Abschluss kann auf Orange und Ente nur eines folgen: Schokolade. Damit man sich nach diesem Festschmaus aber nicht aufs Sofa rollen muss, bleibt's leicht – mit der schnellsten Schokomousse der Welt.

« Orangen-Spinat-Salat (Seite 96), Gebratene Entenbrust (Seite 98) und Kräuterhirse (Seite 99)

Orangen-Spinat-Salat

» Wem die Fenchelsuppe zu sättigend ist, der bittet seine Gäste mit diesem knackigen Salat zu Tisch.

Für 4 Portionen
ca. 20 Min.

2 Bio-Orangen oder 4 Bio-Mandarinen • 600 g junger Spinat, gewaschen
Dressing: Orangensaftreste • 2 TL Tamari • 1 TL Senf • Saft von 1 Zitrone • Salz • Pfeffer, frisch gemahlen • 2 EL Olivenöl

- Zunächst die Orangen filetieren. Dazu das obere und untere Ende der Orangen kappen und die Früchte auf ein Brett stellen. Mit einem scharfen Messer von oben nach unten die Schale von den Orangen trennen, sodass das Fruchtfleisch frei liegt. Die Schalen für die Ente aufbewahren. Die Orangen über eine Schale halten, damit fangen wir den austretenden Orangensaft auf. Aus den einzelnen Orangenkammern werden nun Orangenfilets herausgeschnitten.

- Einen Teil des aufgefangenen Orangensafts mit den restlichen Zutaten für das Dressing mischen. Mit dem übrig gebliebenen Orangensaft abschmecken.

- Orangenfilets, Spinat und Dressing miteinander mischen und servieren.

Fenchelsuppe

» In dieser Suppe kommen übrig gebliebene Parmesanrinden ganz groß raus.

Für 2–4 Portionen
25 Min.

½ TL Fenchelsamen • ½ TL Anissamen • 3 rote Pfefferkörner • 1 große Fenchelknolle (ca. 300 g) • 150 g Kartoffeln • 1 EL Kokosöl oder Ghee • 400 ml hausgemachte Brühe (Seite 25) oder Wasser • 1 Stück Parmesanrinde • 1 Lorbeerblatt • Salz • Pfeffer • 2 EL saure Sahne • 1 EL schwarzer Sesam

- Fenchel- und Anissamen und Pfefferkörner kurz ohne Fett anrösten und im Mörser fein zermahlen. Fenchel und Kartoffeln würfeln. Das Fenchelgrün entfernen und zum Garnieren aufheben.

- In einem Topf Kokosöl auf mittlerer Stufe erhitzen, Fenchel dazugeben und 2 Min. dünsten. Kartoffeln und gemahlene Gewürze dazugeben und das Gemüse mit 400 ml Brühe auffüllen. Die Parmesanrinde und das Lorbeerblatt dazugeben und 15 Min. köcheln lassen.

- Das Gemüse mit dem Stabmixer fein pürieren. Mit Salz und Pfeffer abschmecken, die saure Sahne unterrühren und die Suppe mit Fenchelgrün und Sesam bestreut servieren.

» Orangen-Spinat-Salat

Gebratene Entenbrust

» Keine Sorge, die Zubereitung einer Entenbrust erfordert keine halbe Kochausbildung. Mit dieser Anleitung geht sie dreimal so schnell wie ein Festtagsbraten. Ganz nebenbei macht so eine gebratene Entenbrust auch noch optisch und geschmacklich ordentlich Eindruck.

Für 4 Portionen

10 Min. + 15 Min. Garzeit

- 2 Entenbrustfilets à 300 g (frisch oder TK)
- Meersalz
- übrig gebliebene Orangenschalen vom Orangen-Spinat-Salat

- Die Entenbrustfilets, falls sie gefroren sind, aus der Packung nehmen, unter fließendem Wasser abspülen, mit Küchenpapier abtrocknen und über Nacht im Kühlschrank auftauen lassen.

- Am nächsten Tag vor der Zubereitung den Ofen auf 180 °C vorheizen.

- Die Ente aus dem Kühlschrank nehmen und die Hautseite jeweils rautenförmig einritzen. Dabei nicht ganz bis zum Fleisch durchschneiden. Je feiner die Rauten, desto knuspriger wird die Ente. Leicht mit Meersalz würzen.

- Die Entenbrustfilets mit der Hautseite nach unten in eine kalte, beschichtete Pfanne ohne Fett legen, auf die höchste Temperatur stellen und 4 Min. braten, dabei das Fleisch gelegentlich andrücken. Nach 4 Min. umdrehen und auf der anderen Seite 1 Min. garen.

- Die Filets mit der Hautseite nach oben in eine kleine Auflaufform legen. Orangenschalen dazugeben und das Fleisch 12–15 Min., je nach Dicke etwas länger, im Ofen garen. Eventuell anschneiden und schauen, ob es bereits gar ist. Mir schmeckt Entenbrust am besten zartrosa.

- Das Fleisch aus dem Ofen nehmen und in Scheiben geschnitten mit dem Salat und der Hirse servieren.

Kräuterhirse

›› Schön unprätentiös: Die Hirse gibt an diesem Abend die höflich-zurückhaltende Begleitung für die üppige Ente.

Für 4 Portionen
30 Min.

200 g Hirse • 500 ml Wasser • 1 große Prise Salz • 2 Handvoll Kräuter nach Wahl, z. B. Petersilie, Minze, Dill, Koriander • 2–3 EL Olivenöl • Zitronensaft nach Geschmack • Salz • Pfeffer, frisch gemahlen

- Die Hirse unter laufendem Wasser abspülen und in einen Topf geben.

- Die Hirse in einem Topf ohne Fett und Wasser bei mittlerer Hitze leicht anbraten. Sobald sie ein leichtes Röstaroma verströmt, das Wasser und Salz dazugeben, aufkochen und ca. 5 Min. köcheln lassen.

- Die Platte ausstellen und die Hirse abgedeckt 15 Min. ziehen lassen.

- In der Zwischenzeit die Kräuter fein hacken und beiseite stellen.

- Kurz vor dem Servieren die Kräuter unter die Hirse mischen und mit Olivenöl, Zitronensaft, Salz und Pfeffer abschmecken.

Schnellste Schokomousse der Welt

›› Darf man solch eine gesunde Schokomousse überhaupt als Nachtisch bezeichnen? Auf jeden Fall! Noch raffinierter wird das cremige Highlight des Abends mit knusprigen Kakaonibs.

Für 4 Portionen
2 Min. + 1 Std. Kühlzeit

4 Bananen • 2 Avocados • 4 EL Kakao (schwach entölt) • 4 EL Reissirup • Blütenpollen und Kakaonibs zum Servieren

- Bananen, Avocados, Kakao und Reissirup in den Blitzhacker geben oder mit dem Stabmixer pürieren.

- Die Mousse auf 4 Gläser verteilen und ca. 1 Stunde kalt stellen.

- Mit Blütenpollen und Kakaonibs bestreuen und servieren.

Tipp Kakaonibs oder Kakaosplitter sind rohe und leicht fermentierte Kakaobohnen-Splitter. Im Nullkommanichts könnt ihr damit z. B. Smoothies, Müslis und Kekse mit einem dunklen Schokoladenaroma verfeinern. Kakaonibs sind in gut sortierten Biomärkten oder online erhältlich.

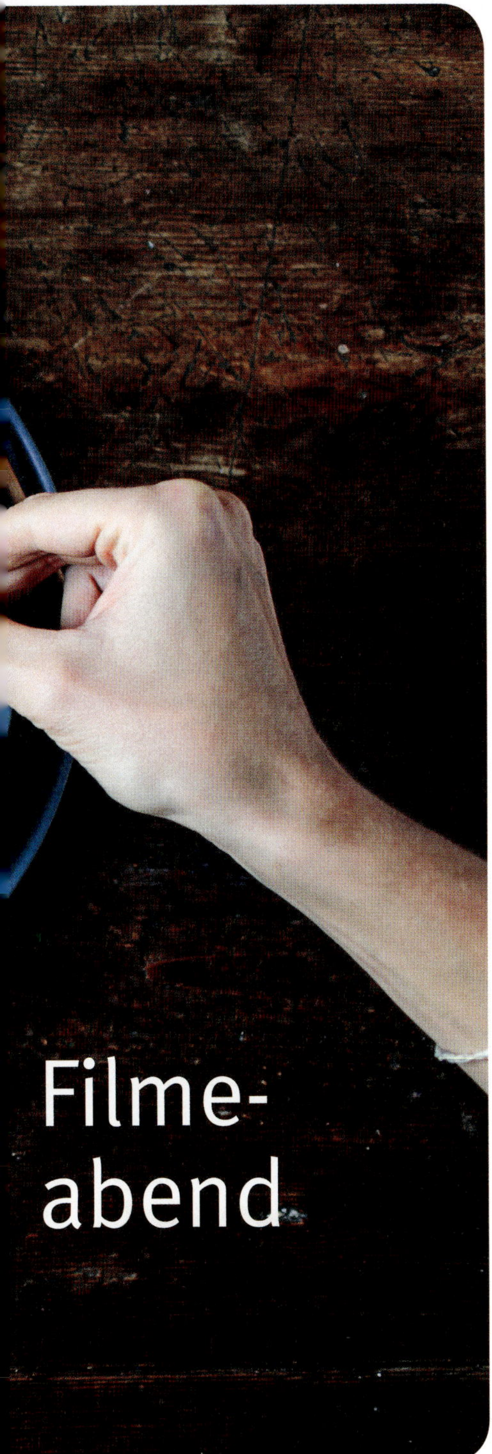

Filme-abend

Ob Thriller oder Liebesschnulze – beim Filmeabend mit Freunden spielen sie die Hauptrolle: Snacks, Snacks und noch mal Snacks.

Ein Flimmerabend ohne kulinarische Highlights ist wie eine Party ohne Gäste. Knusprig müssen sie sein, die Chips, und ordentlich Krach machen. Wenn dann noch Käse im Spiel ist und bunte Salsas zum Dippen einladen, ist der Spaß am Essen vorprogrammiert. Ob raschelndes Popcorn, perfekt knackende Amaranth-Chips, würzige Dips oder geschmolzene Käsefäden in fluffigem Dinkelteig: von diesen zugegebenermaßen ungewöhnlichen Rezepten können selbst hartgesottene Fast-Food-Fans nicht genug bekommen. Einmal angefangen, gibt's kein Halten mehr. Da müssen sich Ryan, Gwyneth und Leonardo schon ordentlich ins Zeug legen, damit das Begleitprogramm ihnen nicht die Show stiehlt.

« Rhabarber-Salsa (Seite 103), Amaranth-Chips (Seite 102) und das Pastinaken-Hummus (Seite 103)

Popcorn mit Flips-Effekt

» Bevor wir hier die Diskussion süß oder salzig aufmachen, schlagen wir flott mal eine ganz andere Richtung ein: Kräuter und Nährhefe. Die Nährhefe gibt dem Ganzen einen nussig-käsigen Geschmack, Fingerlecken vorprogrammiert.

Für 1 kleinen Topf Popcorn
⏲ 10 Min.

3–4 EL Nährhefe • 1 TL Oregano • ½ TL Thymian • 1 Prise Chiliflocken • 1 TL Ghee • 70 g Maiskörner • 2 × 1 EL geschmolzenes Ghee • ½ TL Meersalz
Ihr benötigt außerdem: 1 Papiertüte

- Nährhefe und Gewürze in einer kleinen Schale mischen und beiseite stellen. Ghee in einem Topf bei mittlerer Hitze erwärmen. Die Maiskörner dazugeben und den Topf schwenken. Den Topf mit dem Deckel abdecken.

- Den Topf alle 20–30 Sekunden schütteln, bis die Maiskörner anfangen zu platzen. Die Hitze etwas runterdrehen. Sobald das Ploppen nachlässt, den Topf von der Platte nehmen.

- Das warme Popcorn in eine Papiertüte füllen, 1 EL Ghee und Salz dazugeben, die Tüte zudrücken und gut schütteln. Die restlichen Zutaten dazugeben und in einer Schale servieren.

Amaranth-Chips

» Amaranth ist eine der ästhetischsten Zutaten, die ich kenne. Gebt einfach mal eine Handvoll davon in Wasser. Seht ihr, was ich meine? Wunderschöne molekülartige Amaranth-Gebilde, die unter der Wasseroberfläche tanzen. Gekocht und ohne Fett gebacken erhält man daraus hauchdünne, knusprige Amaranth-Chips.

Für 2 Bleche
⏲ 10 Min. + 30 Min. Koch- und Backzeit

100 g Amaranth • 1 Tasse Wasser

- Amaranth in einem feinen Sieb gut durchspülen und nach Packungsanweisung kochen. Etwas abkühlen lassen.

- Haselnussgroße Amaranth-Kleckse mit doppeltem Abstand zueinander auf ein mit Backpapier belegtes Blech setzen. Mit einem zweiten Papier bedecken und mit den Händen flachdrücken. Die Chips sollten etwa 2–4 Amaranthkörnchen dick sein.

- In der Mitte des vorgeheizten Backofens bei 180 °C Ober-/Unterhitze ca. 20 Min. backen.

- Die Schritte mit dem restlichen Amaranth wiederholen. Das zweite Blech geht meist ein wenig schneller, da das Blech dann schon vorgeheizt ist.

Pastinaken-Hummus

» Hummus ohne Kichererbsen? Schmeckt das? Sogar ganz hervorragend. Pastinaken stehen Kichererbsen in puncto Cremigkeit und Geschmack in nichts nach.

Für 1 Portion
15 Min.

2 Pastinakenwurzeln (ca. 300 g) • 2 EL Olivenöl • 1 TL Cumin • 1 TL Koriandersamen • ¾ TL Himalayasalz • 100 ml Wasser • 1 Knoblauchzehe (nur für das Aroma) • ½ TL Chiliflocken • 4–5 EL Olivenöl • 1 EL frischer Zitronensaft • Pfeffer

- Pastinaken schälen und würfeln. Mit Öl, Cumin, Koriander, Salz und Wasser in einen Topf geben. Bei mittlerer Hitze ca. 10 Min. köcheln lassen.
- Den Knoblauch schälen und in Scheiben schneiden. Zusammen mit dem Chili und dem Öl in eine Pfanne geben. Auf niedriger Stufe erhitzen. Sobald sich um den Knoblauch herum Bläschen bilden, Pfanne von der Herdplatte nehmen.
- Die Pastinaken pürieren. Mit Zitronensaft und Pfeffer abschmecken. Gegebenenfalls etwas Wasser hinzufügen.
- Knoblauch aus dem Öl nehmen. Pastinakenpüree mit Öl beträufeln und servieren.

Rhabarber-Salsa

» Wer von dieser Rhabarber-Salsa probiert, wird nie im Leben glauben, dass er da wirklich Rhabarber isst. Fehlt nur noch eine große Tüte Mais-Tortilla-Chips zum Dippen.

Für 1 Portion
10 Min. +1 Std. Kühlzeit

150 g Rhabarber • 1 kleine rote Spitzpaprika • 1 Handvoll frischer Koriander, gehackt • 2 EL Traubenzucker • 1 EL Olivenöl • 2 cm frischer Ingwer, gerieben • 1 Zehe eingelegter Knoblauch (Seite 30), gerieben (optional) • Saft von ½ Limette • 1 kleine Chilischote (optional) • ¼ TL Himalayasalz • 1 Prise Pfeffer

- Rhabarber in feine Scheiben schneiden, in einen Topf mit kochendem Wasser geben und 10 Sekunden blanchieren. Den Rhabarber abgießen, mit kaltem Wasser abbrausen und abtropfen lassen.
- Alle übrigen Zutaten in den Blitzhacker geben und wenige Sekunden mixen. Den Rhabarber dazugeben und noch mal einige Sekunden mixen, bis alle Zutaten miteinander vermengt, aber noch sichtbare Stücke erkennbar sind.
- Die Salsa mit Salz, Pfeffer und Limettensaft abschmecken und 1 Stunde im Kühlschrank ziehen lassen.

Gefüllter Dinkelzopf

» Dinkelmehl hat nicht nur eine andere Struktur als Weizen, es braucht auch wesentlich mehr Aufmerksamkeit. Das lernt man entweder von Oma oder indem man sich mühsam durch Hunderte Blogbeiträge liest. Da ich bereits alle möglichen Fehler beim Backen mit Dinkel für euch gemacht habe, könnt ihr euch sorgenfrei auf ein lecker gefülltes Partybrot freuen. Vorausgesetzt, ihr folgt der Anleitung.

Für ca. 16 Stück

20 Min. + 60 Min. Gehzeit + 25 Min. Backzeit

Für den Teig:
- 90 ml lauwarmes Wasser
- 15 g frische Hefe
- 150 g Dinkelmehl Type 630
- 150 g Dinkelmehl Type 1030
- 90 g Magerquark
- ½ TL Meersalz
- 4 EL Olivenöl

Für die Füllung:
- 150 g Käse (z. B. Mozzarella oder Edamer), gerieben
- 15 Kalamata-Oliven, entkernt und gehackt
- 2 Scheiben getrocknete Tomaten
- 2 EL Crème fraîche
- ein paar Blätter frisches Basilikum, gehackt
- 1 TL Oregano
- je ¼ TL Meersalz, Chili, Thymian

● Wasser und Hefe miteinander verrühren. In einer Schüssel die restlichen Zutaten für den Teig mischen, langsam die Hefe dazugeben. Den Teig 10 Min. durchkneten, dann abgedeckt 30 Min. an einem warmen Ort gehen lassen.

● Alle Zutaten für die Füllung miteinander vermengen und kalt stellen.

● Den aufgegangenen Teig auf der leicht mit Mehl bestäubten Arbeitsfläche zu einem länglichen Rechteck (ca. 25 × 40 cm) ausrollen. Die Füllung auf dem Teig verteilen, dabei ringsherum einen Rand frei lassen. Den Teig von der länglichen Seite her aufrollen und auf ein Stück Backpapier heben. Mit einem Messer die Rolle längs teilen und die zwei Hälften mit der Schnittseite nach oben legen. An der einen Seite die beiden Enden zusammendrücken und nun die beiden Rollen umeinander drehen, als ob man einen Zopf flicht. Die Enden zusammendrücken.

● Den Zopf abgedeckt weitere 30 Min. gehen lassen, dann im vorgeheizten Ofen bei 190 °C 30 Min. backen.

● Den noch heißen Zopf mit etwas Ghee einstreichen und mit einem Tuch abdecken, damit er nicht austrocknet.

Süße Ausnahmen

Jetzt was Süßes, das wäre schön! Diese alt eingefahrene Gewohnheit, dass man sich mit Süßigkeiten etwas gönnt, ist tief in uns verankert und macht uns oft schwer zu schaffen. Ich habe für mich entdeckt, dass der beste Weg aus dieser Misere ein gewaltiger Bogen ist. Und zwar um alles, was auch nur annähernd nach Zucker riecht.

Und doch, was wären Regeln ohne Ausnahmen? Wer möchte schon verloren an der eigenen Geburtstagstafel dabei zusehen, wie alle anderen beherzt zum Kuchen langen? Deshalb gibt es für Sommergeborene eine erfrischende Joghurt-Beeren-Haselnuss-Torte. Und die Nelken-Orangen-Muffins begleiten euch durch eine fructosearme Adventszeit. Rare Schlemmeranlässe werden eben mit wahren Geschmackswundern gefeiert. So sind alle Rezepte bewusst durch reichlich Charakter und kräftige Aromen geprägt, während Traubenzucker- und Reissirup-Süße eine dankbare Nebenrolle spielen. Doch Vorsicht: Nicht gleich den ganzen Hanuta-Kuchen auf einmal essen. Auch bei fructosearmen Nachspeisen entscheidet die Menge, ob man beschwerdefrei aus dem Kaffeeklatsch herausgeht oder nicht.

« Limetten-Himbeer-Traum (Seite 116)

Hanuta-Kuchen

» Ist das etwa ein Riesen-Hanuta? Noch besser, es ist ein Riesen-Hanuta ganz ohne die nervige Waffel. Wer schon als Kind immer die Waffel eher als Verpackung statt als Bestandteil des Riegels gesehen hat, darf sich hiermit ins Schlaraffenland befördert fühlen. Fluffig-cremige Schokolade mit genau der richtigen Menge an Haselnussstückchen. Genießt ihn warm und weich aus dem Ofen oder nach einer durchzechten Nacht aus dem Kühlschrank.

Für 12 Stück

15 Min. + 20–25 Min. Backzeit

- 75 g gemahlene Haselnüsse
- 35 g Vollkorn-Buchweizenmehl
- 1 Prise Himalayasalz
- Mark einer ½ Vanilleschote
- 100 g fructosearme Zartbitterschokolade
- 100 g Butter
- 3 gehäufte EL reines Kakaopulver (schwach entölt)
- 2 EL frischer Espresso oder Kaffee
- 4 Eier
- 4 EL Reissirup

● Den Ofen auf 180 °C Ober-/Unterhitze vorheizen. Eine runde Springform (ca. 18 cm Durchmesser) mit etwas Butter einfetten und den Boden mit Backpapier auslegen.

● Haselnüsse, Buchweizenmehl, Salz und Vanille in einer Schüssel miteinander vermengen und beiseite stellen.

● Schokolade und Butter im Wasserbad schmelzen lassen, dabei gelegentlich umrühren. Das Kakaopulver und den Espresso unterrühren und leicht abkühlen lassen.

● In einer Schüssel die Eier mit dem Reissirup auf hoher Stufe 2–3 Min. schaumig schlagen. Langsam die Schokoladenmasse dazugeben und auf mittlerer Stufe weiterrühren. Anschließend das Mehl vorsichtig mit einem Holzlöffel unterheben.

● Den Teig in die vorbereitete Form geben und 20–25 Min. backen. Die letzten 5 Min. den Kuchen aufmerksam beobachten, damit er nicht zu dunkel wird.

Tipp Die ausgekratzte Vanilleschote kann z. B. noch für einen leckeren Hafer-Chai-Latte (Seite 126) verwendet werden.

Rhabarber-Erdbeer-Galette

» Nicht trotz, sondern wegen fehlender Süße, haut diese Galette alle vom Hocker. Das Buchweizenmehl gibt ihr einen rustikalen Crunch, während das Kokosöl den süßen Geschmack der fructosearmen Erdbeeren unterstreicht. Der Anis gleicht die Säure des Rhabarbers aus, ohne die anderen Geschmäcker zu übertünchen. Und das Schöne an diesem einfachen Mürbeteig ist: Falls er beim Ausrollen reißt, wird er einfach mit einem Stück Teig vom Rand wieder geflickt.

15 Min. + 20 Min. Kühlzeit + 30–35 Min. Backzeit

Boden:
- 130 g helles Dinkelmehl (Type 630)
- 70 g Vollkorn-Buchweizenmehl
- 1/3 TL Meersalz
- 2 EL Reissirup
- 110 g Kokosöl oder kalte Butter
- 2–4 EL Eiswasser

Füllung:
- 1–2 Stangen Rhabarber (ca. 150 g)
- 1 Handvoll frische Erdbeeren (ca. 80 g)
- 1 EL Reissirup
- 1 EL warmes Wasser
- 1/4 TL Anissamen, gemahlen

● In einer Schüssel das Mehl und Meersalz miteinander vermengen. Reissirup und Kokosöl mit einem Holzlöffel unterrühren. Nach und nach das Eiswasser hinzufügen, bis sich der Teig mit den Händen zu einem Ball formen lässt. Den Teig 20 Min. kühl stellen.

● Rhabarber und Erdbeeren waschen, jeweils in dünne Scheiben schneiden und in einer Schüssel mit dem Reissirup, Wasser und Anis vermengen. Den Ofen auf 190 °C Ober-/Unterhitze vorheizen.

● Den gekühlten Teig auf einem großen Stück Backpapier zu einem Kreis ausrollen. Die Früchte auf dem Teig verteilen, dabei rundherum zwei Finger breit frei lassen. Den Teigrand nach innen über die Früchte falten, dabei darf sich der Teig durchaus an einigen Stellen überlappen. Die Kruste mit ein wenig Wasser bestreichen. Die Galette samt Backpapier auf ein Blech heben und 30–35 Min. backen, bis der Teig goldbraun ist.

● Vor dem Servieren für ein paar Minuten auskühlen lassen.

Das passt dazu Ziegenjoghurt

Macadamia-Blaubeer-Muffins

» Kurkuma einmal ganz anders: Diesen Muffins verleiht die Gelbwurzel eine wunderbar erdige Note, die mit den süß-säuerlichen Heidelbeeren bestens harmoniert. Die Königin der Nüsse, die Macadamianuss, gibt den gesunden Zutaten einen würdevollen Rahmen. Die Inspiration zu diesen Muffins stammt von einem Rezept auf dem wunderschönen Blog »Green Kitchen Stories«.

Für ca. 10 Muffins
15 Min. + 20 Min. Backzeit

Trockene Zutaten:
- 50 g Haferflocken
- 50 g Vollkorn-Buchweizenmehl
- 1 EL Kartoffelmehl
- 1 TL Kurkuma
- ¾ TL Backpulver
- ½ TL gemahlene Vanille oder Mark einer ½ Vanilleschote
- ¼ TL Natron
- 1 Prise Himalayasalz

Flüssige Zutaten:
- 50 g ungesalzene Macadamianüsse
- 60 ml Hafer- oder Reismilch
- 40 g Kokosöl, etwas mehr zum Fetten der Form
- 1 kleine Banane (nicht überreif, ca. 100 g)
- 2 Eier (Größe M)
- 2 EL Reissirup

Sonstiges:
- ca. 100 g Heidelbeeren
- ½ Handvoll Macadamianüsse, grob gehackt
- ca. 1 TL Reissirup

● Den Backofen auf 200 °C Ober-/Unterhitze vorheizen.

● Die Haferflocken im Mixer zu Mehl verarbeiten. Das Hafermehl in einer großen Schüssel mit den restlichen trockenen Zutaten gut vermengen.

● Die Macadamianüsse mit dem Stabmixer zu grobem Mus verarbeiten. Die restlichen flüssigen Zutaten dazugeben und 1 Min. gut durchmixen. Die flüssigen Zutaten mit einem Löffel unter die Mehlmischung heben.

● Eine Muffinform mit etwas Kokosöl einfetten, die Vertiefungen zur Hälfte mit Teig füllen, in jeden Muffin 1–2 Heidelbeeren drücken und diese erneut mit etwas Teig bedecken, sodass die Muffinförmchen maximal zu zwei Dritteln gefüllt sind. Die Muffins zum Schluss mit je 4–5 Heidelbeeren und den gehackten, mit etwas Reissirup vermengten Macadamianüssen garnieren.

● Die Muffins 18–20 Min. auf mittlerer Schiene goldbraun backen.

Kiwi-Bananen-Rohkosttorte ohne Datteln

» Während andere Rohkosttorten, Produkte des aktuellen »Raw Food«-Trends, mit Datteln vollgepumpt sind, zeigen wir diesen Fructosebomben in den beiden folgenden Rezepten die kalte Schulter. An Obst passt auf diese Rohkosttorte alles, was vertragen wird, was Obstschale oder Jahreszeit so hergeben und was nach Urlaub auf den Malediven klingt. Etwa Kiwi, Banane und Limette.

Für 12 Stücke
15 Min. + 6 Std. Kühlzeit

Boden:
- 50 g Sonnenblumenkerne oder Erdmandelflocken
- 50 g ungesalzene Macadamianüsse
- 70 g Haferflocken
- 2 EL Kokosöl
- 2 EL Reissirup
- Prise Salz
- evtl. 1–2 EL Wasser

Füllung:
- 3 Kiwis
- 1 Banane
- 1 cm frischer Ingwer, gerieben
- 2 EL Chia-Samen
- Saft einer ½ Limette (optional)

Sonstiges:
- 1 TL Blütenpollen (optional)

- Den Boden einer Springform (ca. 18 cm Durchmesser) mit Backpapier auslegen.

- Alle Zutaten für den Boden im Blitzhacker so lange verrühren, bis der Teig eine Art Kugel bildet. Alternativ kann man natürlich auch alles per Hand mischen.

- Mit leicht angefeuchteten Fingern den Teig in die Form drücken. Dabei an den Seiten einen kleinen Rand hochziehen. Den Boden etwa 15 Min. ins Eisfach stellen.

- Alle Zutaten für die Füllung mit dem Stabmixer fein pürieren. Auf den Boden geben, mit Blütenpollen bestreuen und 6 Stunden im Eisfach kalt stellen. 15 Min. vor dem Servieren aus dem Eisfach holen.

Tipp Keine Kiwis zur Hand? Dann probiert doch mal Papaya oder Ananas aus.

Beeren-Haselnuss-Torte ohne Datteln

» Joghurt, Früchte, Haferflocken und Nüsse? Hat sich da ein Frühstücksrezept verirrt? Nicht ganz. Diese wunderbar fruchtige Torte erlebt ihre Sternstunden an warmen Sommernachmittagen unterm Kirschbaum.

Für ca. 12 Stücke
20 Min. + 4 Std. Kühlzeit

Boden:
- 75 g Haselnüsse, gemahlen
- 75 g Haferflocken
- 40 ml Reissirup
- 1 EL Kokosöl (Raumtemperatur)
- 2 EL Wasser
- 1 Prise Salz

Joghurtschicht:
- 400 ml Joghurt (10 % Fett) (Raumtemperatur)
- 2 EL Kokosöl
- ½ TL gemahlene Vanille
- Saft und Abrieb von 1 unbehandelten Zitrone
- 100 ml kaltes Wasser
- 6 g Agar-Agar

Fruchtschicht:
- 200 g gemischte Beeren (TK)
- 1 Prise Lavendel
- 2 EL Reissirup
- 1 EL Chia-Samen

● Den Boden einer Springform (ca. 18 cm Durchmesser) mit Backpapier auslegen.

● Alle Zutaten für den Boden im Blitzhacker so lange rühren, bis der Teig eine Art Kugel bildet. Alternativ kann man auch alles per Hand mischen. Die Masse in die Form geben und gut andrücken. Den Boden zum Kühlen etwa 15 Min. ins Eisfach stellen.

● Joghurt, Kokosöl, Vanille und Zitronenabrieb in einer Schüssel gut miteinander verrühren. In einem Topf den Zitronensaft mit dem kalten Wasser vermengen und das Agar-Agar schnell einrühren, sodass keine Klümpchen entstehen. Die Flüssigkeit kurz aufkochen, den Herd dann ausstellen.

● Langsam den Joghurt unter ständigem Rühren dazugeben. Sollte es doch zu Klümpchen kommen, die Masse noch mal unter Rühren kurz erhitzen. Die Joghurtmasse auf den Boden geben und die Form 15 Min. im Kühlschrank kalt stellen.

● Alle Zutaten für die Fruchtschicht mit dem Stabmixer pürieren, dann die zerkleinerten Früchte auf die Joghurtmasse geben und verstreichen

● Die Torte mindestens 4 Stunden im Kühlschrank durchkühlen lassen.

Schoko-Avocado-Tartelette

» Dass Eltern Gemüse in vermeintliche Zuckerbomben schmuggeln, damit die lieben Kleinen auf ihr tägliches Vitamin- und Ballaststoffpensum kommen, hat wohl jeder schon mal gehört. Dass das aber auch bei unsereins gut funktioniert, vielleicht weniger. Avocados sind dank ihres milden Eigengeschmacks prädestiniert für solche Schmuggeleien. Und hättet ihr gedacht, dass diese grüne Frucht ganz wunderbar mit Schokolade harmoniert?

Für 12 Stücke

⏲ 15 Min. + 20 Min. Backzeit + 1 Std. Kühlzeit

Boden:
- 100 g Sonnenblumenkerne
- 50 g Haferflocken
- 2 EL Kokosöl
- 2 EL Reissirup
- 2 EL Wasser
- Prise Salz

Schoko-Avocado-Creme:
- 100 g fructosearme Zartbitterschokolade
- 1–2 EL Reissirup
- 1 reife Avocado
- ½–1 EL Macapulver, je nach Geschmack
- 1 TL Kokosöl oder 10 g Kakaobutter

● Den Boden einer Springform (ca. 18 cm Durchmesser) mit Backpapier auslegen.

● Alle Zutaten für den Boden im Blitzhacker so lange mixen, bis die Masse einen Teig bildet.

● Den Teig in die Form drücken, dabei an den Seiten einen kleinen Rand hochziehen. Die Form 10 Min. ins Eisfach stellen.

● Auf den gekühlten Teigboden ein passendes Stück Backpapier legen, dieses mit getrockneten Bohnen oder Reis beschweren. Dadurch wird verhindert, dass der Boden sich aufbläht. Den Teig 20 Min. im vorgeheizten Backofen bei 180 °C Ober-/Unterhitze goldbraun backen. Bohnen und das Backpapier entfernen, den Teig komplett auskühlen lassen.

● Die fructosearme Schokolade im Wasserbad schmelzen, mit Reissirup verrühren und vom Herd nehmen.

● Die Avocado mit dem Macapulver und Kokosöl mit dem Stabmixer cremig pürieren. Die Schokoladenmasse zu der Avocado geben und alles gut mixen, bis eine glatte Masse entsteht.

● Die Schoko-Avocado-Masse auf den Boden geben und vor dem Servieren mindestens 1 Stunde kalt stellen.

Limetten-Himbeer-Traum

» Bei diesem tropischen Eisbecher in Kuchenform sind sich alle einig: ein Traum von einem Kastenkuchen! Wer ihn gerne fluffig mag, sollte sich an Joghurt mit 3,8 Prozent Fettgehalt halten, für die cremigere Variante empfehle ich Joghurt mit einem Fettgehalt von satten 10 Prozent.

Für 12 Stück

15 Min. + 60 Min. Backzeit

- 200 g helles Dinkelmehl (Typ 630)
- 50 g Kartoffelmehl
- 1 ½ Weinstein-Backpulver
- ½ TL Natron
- 1 Prise Salz
- 80 g Reissirup oder Traubenzucker
- 70 g Kokosöl
- Saft von 2 Limetten
- Abrieb einer Limette
- 180 g Joghurt (3,8 oder 10 % Fett)
- 2 Eier
- 100 g Himbeeren (ca. 20 Stück), mehr nach Geschmack und Verträglichkeit
- 2 EL Haferflocken
- 1 EL g Reissirup
- 1 TL Kokosöl

- Den Ofen auf 180 °C Ober-/Unterhitze vorheizen. Eine kleine Kastenform (ca. 20 cm) mit etwas Kokosöl einfetten und den Boden mit Backpapier auslegen.

- In einer Schüssel Dinkel- und Kartoffelmehl, Backpulver, Natron und Salz miteinander vermengen und beiseite stellen.

- In einer anderen großen Schüssel Reissirup, Kokosöl, Limettensaft und -abrieb mit dem Handrührgerät verrühren. Nach und nach Joghurt und Eier dazugeben und die Masse cremig rühren. Zum Schluss auf mittlerer Stufe die Mehlmischung unterrühren, bis alles miteinander vermengt ist.

- Den Teig in die vorbereitete Form geben. Die Himbeeren über die Teigmasse streuen und ein paar davon etwas tiefer in den Teig drücken. Die Haferflocken mit dem Reissirup und Kokosöl vermengen und über dem Kuchen verteilen.

- Den Kuchen etwa 50 Min. im unteren Drittel des Ofens backen, die letzten 10 Min. in der Mitte des Ofens zu Ende backen, bis die Oberseite goldbraun ist.

- Den nicht mehr ganz heißen Kuchen aus der Form nehmen und auf einem Kuchengitter auskühlen lassen.

Rhabarber-Joghurt-Eis-Rakete

» Da ich mir die Laune ungern von irgendwelchen Zuckerbomben vermiesen lasse und den raren Raum in meinem kleinen Küchenuniversum nicht für eine Eismaschine hergeben werde, komme ich im Sommer immer wieder auf sie zurück: Meine Eisförmchen in Raketenform. Damit bereise ich all die entlegenen kleinen fuctosearmen Eisplaneten.

Für ca. 4 Eisformen, je nach Größe
15 Min. + 4 Std. Kühlzeit

150 g Rhabarber • 3 EL Reissirup • 2 EL Wasser • 250 g Joghurt (10 % Fett) • ¼ TL gemahlene Vanille

- Den Rhabarber schälen, in mittelgroße Stücke schneiden und mit dem Reissirup und Wasser in einem Topf zum Kochen bringen.

- Die Mischung bei mittlerer Stufe etwa 5 Min. köcheln lassen, bis der Rhabarber weich ist und auseinanderfällt. Den Topf vom Herd nehmen und 5 Min. abkühlen lassen.

- In der Zwischenzeit den Joghurt und die Vanille cremig rühren. Je nach Lust und Laune die Förmchen mit der Joghurt- und Rhabarbermasse füllen und ca. 4 Stunden ins Gefrierfach stellen.

Bananen-Kokos-Minze-Eis-Rakete

» Gerade wenn es wärmer wird, denkt man doch öfter über so ein Kügelchen Eis nach. Hier kommt meine zweite Ice-Pop-Variante – diesmal mit einem Hauch von Karibik.

Für ca. 4 Eisformen, je nach Größe
25 Min. + 4 Std. Kühlzeit

4 Bananen • 80 ml Kokosmilch • 1 große Handvoll frischer Minze • 1 TL Kakaopulver • ⅛ TL gemahlene Vanille

- Bananen und Kokosmilch mit dem Stabmixer cremig rühren. Eventuell etwas Kokosmilch nachgeben. Die Bananenmasse sollte zwar cremig sein, aber nicht zu flüssig werden.

- Die Masse durch drei teilen. Kakao und Vanille in jeweils einen Teil unterrühren und den letzten Teil mit der Minze fein pürieren.

- Die Mischungen in beliebiger Reihenfolge in die Form schichten und ca. 4 Stunden ins Gefrierfach stellen.

Erdmandelkekse

» Erdmandeln haben seit Langem einen festen Platz in meinem Vorratsschrank. Durch ihre Natursüße kann man auf weitere Süße fast komplett verzichten. Leicht zu knabbern, eignen sie sich auch bestens als Reiseproviant. So schlägt man gleich noch der allseits bekannten Reise-Verdauungs-Trägheit ein Schnippchen.

Für 10–12 kleine Kekse
10 Min. + 15 Min. Backzeit

1 EL geschrotete Leinsamen • 3 EL Wasser • 100 g Erdmandelflocken, grob gemahlen • 60 g Butter oder Kokosöl, Raumtemperatur • 2 EL Reissirup • 1 EL Kartoffelmehl • ½ TL Backpulver • 1 Prise Himalayasalz

- Die geschroteten Leinsamen mit dem Wasser verrühren und 5 Min. quellen lassen.
- Anschließend mit allen anderen Zutaten vermengen und portionsweise auf ein mit Backpapier ausgelegtes Backblech geben. Die Kekse leicht andrücken.
- Die Erdmandelkekse im vorgeheizten Backofen bei 180 °C Ober-/Unterhitze 10–15 Min. backen.

Tipp Die Kekse sind euch pur zu langweilig? Wie wäre es dann mit einer Glasur aus fructosearmer Schokolade?

Himbeerpudding mit Vanillecreme

» Seitdem ich denken kann, bin ich heimlich verliebt in Vanille. Am liebsten hab ich sie in ihrer wohl vollendetsten Form: als warme Vanillecreme. Fehlt nur noch der passende Tanzpartner. Dafür haben wir ein paar sonnengeküsste Himbeeren aufs Parkett gebeten. Das feurig-rote Temperament bringt sogar die sonst so schüchterne Vanille zum Leuchten.

Für 2 Portionen
15 Min. + 4 Std. Kühlzeit

Fruchtpudding: 250 g reife Himbeeren oder Erdbeeren • 3 EL Chia-Samen
Vanillesoße: 150 ml Kokosmilch oder Milch nach Wahl • 1 TL Kartoffelstärke • 1–2 TL Reissirup • ¼ TL gemahlene Vanille • 1 Msp. Kurkuma

- Himbeeren mit den Chia-Samen vermengen und mit dem Stabmixer fein pürieren. Auf zwei große Gläser oder Schalen verteilen und etwa 4 Stunden kalt stellen.
- Kurz vor dem Servieren die Zutaten für die Soße in einem Topf miteinander verrühren und bei mittlerer Hitze unter Rühren aufkochen.
- Sobald die Soße sämig ist, vom Herd nehmen, über den Chia-Pudding gießen und servieren.

» Himbeerpudding mit Vanillecreme

Schnelle Blätterteig-Körbchen

» Wer schon mal versucht hat, Blätterteig selbst herzustellen, der weiß, dass das schnell zur Nachtschicht ausarten kann. Da wir uns hier lieber aufs Naschen konzentrieren wollen, kommt hier wieder Trick 17 zum Zuge, den ihr schon kennt. Was ihr im Blätterteigmantel versteckt, ist relativ egal, Hauptsache, es wird kräftig auf die Geschmackstube gedrückt. Ich fülle die Körbchen am liebsten mit einem herzhaft-fruchtigen Techtelmechtel aus Ziegenkäse und Erdbeeren.

Für 12 gefüllte Täschchen

⏲ 20 Min. + 60 Min. Kühlzeit + 15 Min. Backzeit

Teig:
- 250 g helles Dinkelmehl (Type 630)
- 1 gestrichener TL Himalayasalz
- 200 g kalte Butter
- 50 ml eiskaltes Wasser

Füllung:
- 150 g Erdbeeren oder Aprikosen, in Scheiben geschnitten
- 5–6 Blätter Basilikum, gehackt
- 12 dünne Scheiben Ziegenkäse von der Rolle
- 1 Ei

● Die Zutaten für den Teig, wie bei der Lachs-Edamame-Quiche (Seite 74) beschrieben, verarbeiten, den Teig zur flachen Scheibe formen und in Klarsichtfolie mindestens 1 Stunde oder über Nacht kalt stellen. Die Erdbeeren mit dem Basilikum mischen und kurz ziehen lassen.

● Zwei Drittel des Teigs abtrennen und den Rest in den Kühlschrank legen. Den Teig auf einer bemehlten Fläche mit dem Nudelholz dünn zu einem Rechteck ausrollen. Mit einem Messer 12 Quadrate zurechtschneiden. Damit die einzelnen Förmchen einer 12er-Muffinform auskleiden, sodass Körbchen entstehen.

● Die Erdbeermischung auf die Körbchen verteilen, mit je einer Scheibe Ziegenkäse belegen und die Muffinform in das Eisfach stellen.

● Das letzte Drittel des Teiges ausrollen und mit einem kleinen Glas Kreise oder mit Ausstechern eurer Wahl andere Formen ausstechen. Die Stücke auf die Körbchen legen.

● Ein Ei in einer Schale verquirlen. Die Kreise und abstehenden Innenflächen der Körbchen mit dem Ei bestreichen. Die Körbchen im vorgeheizten Ofen bei 200 °C Ober-/Unterhitze 15–20 Min. goldbraun backen.

Nelken-Orangen-Muffins

» Wenn ihr diese Muffins backt, wird die Küche schnell zur Hauptattraktion. Doch nicht nur der himmlische Geruch, auch die Zutaten können fast jeden beglücken. Das Gebäck kommt ohne Problemkinder aus (lactosefrei, vegan, weizenfrei) und strotzt dennoch vor Geschmack. Wer einen Lieblingstee hat, sollte unbedingt versuchen, das Wasser in diesem Rezept durch gekochten Tee zu ersetzen. Ich träume schon von den Ingwer-Zitronen- oder Lindenblüten-Tee-Variationen.

Für 12 Muffins

15 Min. + 20 Min. Backzeit

- 125 g helles Dinkelmehl (Type 630)
- 60 g Kartoffelmehl
- 80 g gemahlene Mandeln
- 1 TL Backpulver
- 1 TL Natron
- 1 Prise Salz
- Saft und Abrieb von 2 kleinen Bio-Orangen (ca. 100 ml)
- 80 ml Wasser oder Tee nach Wahl
- 2 Nelken, gemahlen
- 110 g Kokosöl oder Butter
- 50 g Reissirup oder Traubenzucker

- Den Ofen auf 180 °C Ober-/Unterhitze vorheizen. Eine 12er-Muffinform mit etwas Kokosöl einfetten und beiseite stellen.

- Dinkel- und Kartoffelmehl, Mandeln, Backpulver, Natron und Salz vermengen. In einer anderen Schale Orangensaft, Wasser und Nelke verrühren.

- In einer großen Schüssel das Kokosöl und den Orangenabrieb mit dem Mixer cremig rühren.

- Den Reissirup dazugeben und weiterrühren, bis alles gut vermengt ist. Nach und nach abwechselnd Orangensaft und Mehlmischung dazugeben.

- Die einzelnen Muffinförmchen jeweils zu zwei Dritteln mit Teig füllen und anschließend 18–20 Min. auf mittlerer Schiene goldgelb backen.

- Die fertigen Muffins 10 Min. stehen lassen, aus der Form nehmen und komplett auskühlen lassen.

Tipp Wer sich nicht strikt vegan ernährt, kann statt Kokosöl auch einfach Butter verwenden. So gehen die Muffins besonders schön auf.

Eisgekühlte Karamell-Toffees

» Die Zeit ist reif für diese eisgekühlten Karamell-Toffees: Kühle Schokolade, die noch betörender knackt als jedes Magnum, dazu gefüllt mit zartschmelzendem Karamell. Im Eisfach warten die Toffees geduldig auf ihre großen Momente.

Für 8–10 Mini-Muffin- oder Pralinenförmchen
40 Min. + 30 Min. Kühlzeit

Karamellsoße:
- 100 ml Kokosmilch
- 50 ml Reissirup
- 25 g Ghee (Seite 24)
- ¼ TL gemahlene Vanille

Schokoladenhülle:
- 80 g fructosefreie Schokolade
- 20 g Kakaobutter
- etwas grobes Meersalz (optional)

- Alle Zutaten für die Karamellsoße in einen kleinen Topf geben, bei mittlerer Hitze erwärmen und unter ständigem Rühren eindicken lassen, bis die Flüssigkeit schwerfällig-sämig geworden ist. Das kann bis zu 20 Min. dauern. Den Topf von der Herdplatte nehmen und das Karamell etwas abkühlen lassen.

- Die Hälfte der Schokolade mit der Hälfte der Kakaobutter im Wasserbad schmelzen und rühren, bis die Masse cremig ist.

- Die Schokolade von der Platte nehmen, 1 Min. ruhen lassen, dann auf die Silikonförmchen verteilen und 1 Min. ins Eisfach stellen.

- In die Mitte jedes Förmchens einen kirschgroßen Karamellsoßenklecks geben. Anschließend die Förmchen 5 Min. ins Eisfach stellen.

- Die restliche Schokolade mit der Kakaobutter wie beschrieben schmelzen, auf die ausgekühlte Schoko-Karamell-Masse verteilen, sodass der Karamellkern des Toffees bedeckt ist.

- Toffees ins Eisfach stellen und ½ Stunde oder länger auskühlen lassen. 1 Min. vor dem Servieren aus dem Eisfach nehmen und kurz antauen lassen.

Tipp Wer mag, kann seine Toffees statt mit Karamellsoße auch ganz einfach mit Nussbutter, z. B. crunchiger Erdnussbutter, füllen.

Getränke

Während man bei fester Nahrung noch recht kreativ durch den Alltag kommt, sieht die Auswahl bei fructosearmen Getränken etwas mau aus. Als sichere Alternativen fallen mir spontan Wasser, Wasser und natürlich ein schon aus der Entfernung Freudenstürme auslösender Magen-Darm-Tee ein.

Doch keine Sorge, fructosearme Getränke müssen nicht immer gleichbedeutend mit Schmerzbegrenzung sein, sondern können auch Spaß machen, was meine persönlichen Favoriten Hafer-Chai-Latte und Hanf-Shake erfolgreich unter Beweis stellen. Und falls der Blähbauch doch mal wieder am Hosenbund drückt, gibt es einen Trick, den man in petto haben sollte: einen bekömmlichen Verdauungstee trinken, Wärmflasche auflegen und auf die linke Seite rollen. Das schafft angenehme Erleichterung.

« Bananen-Hanf-Shake (Seite 127)

Hafer-Chai-Latte

» Was macht man, wenn man nach einem langen Tag zu aufgekratzt ist, um schlafen zu gehen? Man rührt sich einen Topf Hafer-Chai-Latte an. Die süße Hafermilch, wärmende Wintergewürze und die leicht scharfe Note durch Pfeffer und Ingwer kitzeln nicht nur die Sinne, sondern sorgen auch für eine erholsame Nacht.

Für 2 Tassen
5 Min. + 15 Min. Ziehzeit

1 Zimtstange oder 1 Msp. Zimt • ½ ausgekratzte Vanilleschote, siehe Rezept »Hanuta-Kuchen« (Seite 108) • 3 Kardamomkapseln • 3 Nelken • 3 Pfefferkörner • 1 Sternanis oder 1 Msp. gemahlener Sternanis • 1 Tasse Hafermilch • 1 cm Ingwer, in Scheiben geschnitten • 1 Tasse Hafermilch oder Wasser • 1 Beutel schwarzer Tee

- Die Gewürze im Mörser grob zerstoßen und zusammen mit Hafermilch und Ingwer in einen Topf geben. Die Milch aufkochen lassen, Herdplatte ausschalten, 15 Min. ziehen lassen.

- Die zweite Tasse Hafermilch aufkochen und den schwarzen Tee 4–5 Min. darin ziehen lassen.

- Den Beutel entfernen und den Tee zur Gewürzmilch geben. Die Kräuter absieben und den Chai-Latte genießen.

Kurkuma-Milch

» Wunderbar wärmend und wohltuend ist auch diese Kurkuma-Milch. Kurkuma soll übrigens Alzheimer vorbeugen, wie unlängst wissenschaftlich nachgewiesen wurde. So vergisst man wenigstens nicht, dass frische Kurkuma auf Kleidung und schicken Küchenablagen grellgelbe Flecken hinterlassen kann. Also aufgepasst!

Für 1 Tasse
5 Min.

1 Tasse ungesüßte Reismilch oder Milch nach Wahl • 1 TL frisch geriebene Kurkuma • etwas frisch geriebener Ingwer oder 2 ganze Kardamomkapseln, je nach Geschmack • ½ TL Zimt • 1 Prise schwarzer Pfeffer

- Die Reismilch langsam in einem Topf erhitzen. Hitze reduzieren, frische Kurkuma, Ingwer oder Kardamomkapseln dazugeben und 1 Min. leicht köcheln lassen.

- Topf von der Herdplatte nehmen, Zimt unterrühren, eine Prise schwarzen Pfeffer darübergeben und in der Lieblingstasse servieren.

Tipp Ingwer und Kurkuma sollten gewaschen, aber nicht geschält werden, denn die wichtigen Nährstoffe sitzen direkt unter der Schale.

Bananen-Hanf-Shake

» Diesen kühlen Drink gönne ich mir bevorzugt, wenn ich es beim Bananenkauf mal wieder leicht übertrieben habe. Dann landen ein paar dieser Früchte in geschälter Form im Gefrierfach. Bananen sind selbst im gefrorenen Zustand erstaunlich schnell püriert.

Für 1 großes Glas
⏲ 5 Min.

200 ml Wasser • 2 EL Hanfsamen • 1 Banane, frisch oder gefroren • ¼ TL gemahlene Vanille • 1 EL Erdnussbutter (optional) • 1 TL Reissirup (optional)

- Wasser und Hanfsamen mit dem Stabmixer gut pürieren, bis eine Art Hanfmilch entsteht.
- Banane und Vanille dazugeben und cremig pürieren.
- Je nach Geschmack mit Erdnussbutter oder Reissirup verfeinern.

Verdauungstee

» Und wenn's dann doch mal des Guten zu viel war, hat dieser Tee die geballte Anti-Blähbauch-Wirkung. Gegen die drei Wunderwaffen Koriander, Fenchel und Cumin haben Magenbeschwerden keine Chance. Kann bei bedenklichen Mahlzeiten auch vorbeugend getrunken werden.

Für ½ Liter Tee
⏲ 15 Min.

¼ TL ganzer Cumin • 1 TL Koriandersamen • 1 TL Fenchelsamen • ½ l kochendes Wasser

- Cumin, Koriander- und Fenchelsamen in einer beschichteten Pfanne ohne Fett 1–2 Min. anrösten, anschließend im Mörser grob zerstoßen.
- Die Gewürze in einer Teekanne mit ½ Liter kochendem Wasser übergießen und abgedeckt 10 Min. ziehen lassen.
- Warm oder kalt zu oder nach den Mahlzeiten genießen.

Grüner Eistee mit Melisse

» Kein Sommer ohne Eistee! Diese Variante mag ich besonders wegen des zitronig-frischen Aromas der Melisse.

Für 1 Liter Eistee
5 Min. + 4 Std. Kühlzeit

1 l kaltes Wasser • 3 Beutel Melissentee oder 3–4 Stängel frische Melisse • 2 Beutel Grüner Tee • 2 EL Traubenzucker • Saft von ½ Zitrone

- Das kalte Wasser mit den Teebeuteln in eine Karaffe füllen und ca. 10 Min. ziehen lassen.
- Die Teebeutel herausnehmen, Traubenzucker und Zitronensaft dazugeben und mindestens 4 Stunden oder über Nacht kalt stellen.
- Nach dem Kühlen noch einmal mit Zitronensaft und Traubenzucker abschmecken.

Schwarzer Eistee mit Zitrone

» Diese Eistee-Kreation macht Lust auf mehr: weil sie so schön erfrischend ist und dabei fast gänzlich ohne Süße auskommt. Da gönnt man sich glatt noch ein Gläschen.

Für 1 Liter Eistee
5 Min. + 4 Std. Kühlzeit

1 l kaltes Wasser • 4 Beutel Schwarzer Tee • 2 EL Traubenzucker • Saft von 1 Zitrone

- Das Wasser mit den Teebeuteln in eine Karaffe füllen und ca. 10 Min. ziehen lassen.
- Die Teebeutel herausnehmen, Traubenzucker und Zitronensaft dazugeben und mindestens 4 Stunden oder über Nacht kalt stellen.
- Nach dem Kühlen noch einmal mit Zitronensaft und Traubenzucker abschmecken.

» Grüner Eistee mit Melisse

Danke und Teşekkürler!

Danke Maria, Sabina, Pia, Jerry, Gözde, Ole, Uli, Andreas und Anna für all die Stauden Rhabarber, Pastinakenwurzeln, unzähligen Pakete Dinkelmehl und die vielen Tafeln fructosefreie Schokolade, die durch euch ihren Weg über die türkische Grenze in meine Istanbuler Küche(n) gefunden haben. Vielen Dank an Randy, Ahu, Michelle und Nina, die ihre Küchen freiwillig mir und meinem Chaos überlassen haben. Vielen Dank an die großartigen Fotografinnen Marta Greber *(whatshouldieat-forbreakfasttoday.com)* und Maria Köhler *(inbildundschrift.bplaced.net)* für die wunderschönen Bilder in diesem Buch. Vielen Dank an Kyera, Lale, Renée, Yeliz, Jutta, Jan, Jens und all die anderen mutigen und geduldigen Rezepte-Tester, die auch mal nicht so jovle Rezepte probieren »durften«. Tausend Dank Barbara, Derya und Lev, ohne eure Unterstützung wäre dieses Buch nie zustande gekommen!

Liebe Leserin, lieber Leser,

hat Ihnen dieses Buch weitergeholfen? Für Anregungen, Kritik, aber auch für Lob sind wir offen. So können wir in Zukunft noch besser auf Ihre Wünsche eingehen. Schreiben Sie uns, denn Ihre Meinung zählt!

Ihr TRIAS Verlag

E-Mail-Leserservice
kundenservice@trias-verlag.de

Lektorat TRIAS Verlag
Postfach 30 05 04
70445 Stuttgart
Fax: 0711 89 31-748

Rezeptregister

A

Amaranth
- Amaranth-Chips 102
- Hanf-Amaranth-Nuggets 92

Auberginen, gebackene 78

Avocado
- Petersilien-Sellerie-Dip 52
- Schoko-Avocado-Tartelette 115
- Sommerrollen mit Quinoa und Sesam-Avocado 60

B

Banane
- Bananen-Hanf-Shake 127
- Bananen-Kokos-Minze-Eis-Rakete 117
- Falsches Birchermüsli 34
- Hanf-Amaranth-Nuggets 92
- Hanf-Chia-Pudding mit Banane 48
- Kiwi-Bananen-Rohkosttorte ohne Datteln 112
- Schnellste Schokomousse der Welt 99
- Sonnen-Smoothie 42
- Starke Ritter 38

Beeren
- Beeren-Haselnuss-Torte ohne Datteln 113
- Black'n' White Immunbooster 47
- Bohim-Smoothie 43
- Buchweizenpfannkuchen mit Erdbeersoße und Kokossahne 36
- Dutch Baby mit Johannisbeeren 39
- Flammkuchen mit Beeren-Ingwer-Soße 66
- Glutenfreier Frühstückskuchen mit Erdbeeren 90
- Hafer-Chia-Pudding mit Heidelbeeren 48
- Himbeerpudding mit Vanillecreme 118
- Kein Blaumacher 43
- Limetten-Himbeer-Traum 116
- Macadamia-Blaubeer-Muffins 110
- Müslitaler 46
- Oatmeal mit Himbeeren und Sesam 35
- Rhabarber-Erdbeer-Galette 109
- Rohkost-Buchweizen 34
- Schnelle Blätterteig-Körbchen 120
- Schnelle Chia-Marmelade ohne Kochen 28

Birchermüsli, falsches 34

Black'n' White Immunbooster 47

Blätterteig-Körbchen, schnelle 120

Blaumacher, kein 43

Bohim-Smoothie 43

Brennnessel
- Kartoffelsalat mit Brennnessel-Pesto 61
- Quasi-Shakshuka 93

Brokkoli
- Brokkoli-Walnuss-Risotto 77
- Marinierter Rohkoli 79
- Schwarzer Reis mit Gemüse 81

Brötchen, hausgemachte, für die Burger Night 86

Brühe, gekörnte 25

Buchweizen
- Buchweizenpfannkuchen mit Erdbeersoße und Kokossahne 36
- Buchweizensalat mit Meerrettich und Lachs 64
- Glutenfreier Frühstückskuchen mit Erdbeeren 90
- Kalte Joghurt-Suppe 59
- Rohkost-Buchweizen 34

Burger-Patties 87

C

Chia-Marmelade ohne Kochen, schnelle 28

Chia-Samen
- Hafer-Chia-Pudding mit Heidelbeeren 48
- Hanf-Chia-Pudding mit Banane 48
- Himbeerpudding mit Vanillecreme 118
- Kein Blaumacher 43
- Leinsamen-Cracker 50
- Schnelle Chia-Marmelade ohne Kochen 28
- Sonnen-Smoothie 42

D

Dinkel
- Dinkel-Cracker 51
- Dutch Baby mit Johannisbeeren 39
- Edamame-Lachs-Quiche 74
- Flammkuchen für jeden Tag 64
- Flammkuchen mit Beeren-Ingwer-Soße 66
- Flammkuchen mit Kokoscreme und Fenchel 65
- Flammkuchen mit Spinat und Feta 66
- Flammkuchen mit Zucchini und Kartoffeln 65
- Gefüllter Dinkelzopf 104
- Hausgemachte Brötchen für die Burger Night 86
- Limetten-Himbeer-Traum 116
- Nelken-Orangen-Muffins 121
- Pastrami-Sandwich mit Avonnaise 59
- Rhabarber-Erdbeer-Galette 109
- Schnelle Blätterteig-Körbchen 120
- Starke Ritter 38

Dutch Baby mit Johannisbeeren 39

E

Edamame-Lachs-Quiche 74

Eier
- Kumpir 75
- Quasi-Shakshuka 93
- Rinderbrühe mit Petersilienomelett 56

Eistee, grüner, mit Melisse 128

Eistee, schwarzer, mit Zitrone 128
Entenbrust, gebratene 98
Erdmandel
– Erdmandelkekse 118
– Wohlfühlbällchen 47

F
Fenchel
– Fenchelsuppe 96
– Fenchel-Zitronenmelisse-Risotto 77
– Flammkuchen mit Kokoscreme und Fenchel 65
Feuer, grünes 52
Fisch
– Buchweizensalat mit Meerrettich und Lachs 64
– Edamame-Lachs-Quiche 74
– Makrelen-Meerrettich-Dip 53
– Pasta mit Tomaten und Anchovis 72
– Trüffel-Garnelen-Risotto 77
– Zudeln mit Lachs 84
Flammkuchen 64
– mit Beeren-Ingwer-Soße 66
– mit Kokoscreme und Fenchel 65
– mit Spinat und Feta 66
– mit Zucchini und Kartoffeln 65
Fleisch
– Burger-Patties 87
– Gebratene Entenbrust 98
– Kokos-Huhn-Curry 82
– Pastrami-Sandwich mit Avonnaise 59
– Rinderbrühe mit Petersilienomelett 56
Frühstückskuchen, glutenfreier, mit Erdbeeren 90

G
Ghee 24

H
Hafer-Chai-Latte 126
Hafer-Chia-Pudding mit Heidelbeeren 48
Haferflocken
– Falsches Birchermüsli 34
– Gebackenes Oatmeal 35
– Hanf-Amaranth-Nuggets 92
– Müslitaler 46
– Oatmeal mit Himbeeren und schwarzem Sesam 35
– Wohlfühlbällchen 47
Hanf-Amaranth-Nuggets 92
Hanfsamen
– Bananen-Hanf-Shake 127
– Black'n' White Immunbooster 47
– Hanf-Chia-Pudding mit Banane 48
Hanuta-Kuchen 108
Himbeerpudding mit Vanillecreme 118

I
Ingwer
– Flammkuchen mit Beeren-Ingwer-Soße 66
– Hafer-Chai-Latte 126
– Karotten-Ingwer-Dip 53
– Kokos-Huhn-Curry 82
– Pasta mit Ingwer-Gewürzbutter 70
– Quietschgrüner Wachmacher 42
– Schwarzer Reis mit Gemüse 81
– Sonnen-Smoothie 42

J
Joghurtsuppe, kalte 59

K
Karamell-Toffees, eisgekühlte 122
Karotten-Ingwer-Dip 53
Kartoffeln
– Flammkuchen mit Zucchini und Kartoffeln 65
– Kartoffelsalat mit Brennnessel-Pesto 61
– Kumpir 75
– Sesamkartoffeln à la Katrin 79
Käse
– Flammkuchen mit Beeren-Ingwer-Soße 66
– Flammkuchen mit Spinat und Feta 66
– Flammkuchen mit Zucchini und Kartoffeln 65
– Gefüllter Dinkelzopf 104
– Schnelle Blätterteig-Körbchen 120
Kiwi-Bananen-Rohkosttorte ohne Datteln 112
Knoblauch, eingelegter 30
Kokos
– Bananen-Kokos-Minze-Eis-Rakete 117
– Buchweizenpfannkuchen mit Erdbeersoße und Kokossahne 36
– Flammkuchen mit Kokoscreme und Fenchel 65
– Kokos-Huhn-Curry 82
– Pastinaken-Kokos-Suppe 58
Kräuter
– Bohim-Smoothie 43
– Gekörnte Brühe 25
– Grünes Feuer 52
– Kalte Joghurt-Suppe 59
– Kleiner Verdauungshelfer 93
– Kräuterhirse 99
– Pasta mit Ingwer-Gewürzbutter 70
– Petersilien-Sellerie-Dip 52
– Quasi-Shakshuka 93
– Quietschgrüner Wachmacher 42
– Regenbogensalat 27
Kumpir 75
Kurkuma
– Karotten-Ingwer-Dip 53
– Kurkuma-Milch 126
– Macadamia-Blaubeer-Muffins 110

L
Leinsamen-Cracker 50
Limetten-Himbeer-Traum 116

M
Macadamia-Blaubeer-Muffins 110
Maisbrot 83
Makrelen-Meerrettich-Dip 53
Müslitaler 46

N
Nelken-Orangen-Muffins 121
Nudeln
– Pasta mit Ingwer-Gewürzbutter 70

– Pasta mit Paprika-Sonnenblumenkern-Pesto 71
– Pasta mit Tomaten und Anchovis 72

O

Oatmeal, gebackenes 35
Oatmeal mit Himbeeren und Sesam 35
Orangen-Spinat-Salat 96

P

Papaya-Quinoa-Salat, frischer 62
Pasta mit Ingwer-Gewürzbutter 70
Pasta mit Paprika-Sonnenblumenkern-Pesto 71
Pasta mit Tomaten und Anchovis 72
Pastinaken-Hummus 103
Pastinaken-Kokos-Suppe 58
Pastrami-Sandwich mit Avonnaise 59
Petersilien-Sellerie-Dip 52
Popcorn mit Flips-Effekt 102

Q

Quinoa
– Frischer Papaya-Quinoa-Salat 62
– Sommerrollen mit Quinoa und Sesam-Avocado 60

R

Regenbogensalat 27
Reis
– Brokkoli-Walnuss-Risotto 77
– Fenchel-Zitronenmelisse-Risotto 77
– Risotto à la Lev 76
– Schwarzer Reis mit Gemüse 81
– Trüffel-Garnelen-Risotto 77
Rhabarber
– Rhabarber-Erdbeer-Galette 109
– Rhabarber-Joghurt-Eis-Rakete 117
– Rhabarber-Salsa 103
Rinderbrühe mit Petersilienomelett 56
Risotto 76, 77
Risotto à la Lev, Grundrezept 76
Rohkoli, marinierter 79
Rohkost-Buchweizen 34

S

Salat
– Buchweizensalat mit Meerrettich und Lachs 64
– Frischer Papaya-Quinoa-Salat 62
– Orangen-Spinat-Salat 96
– Regenbogensalat 27
Schokolade
– Eisgekühlte Karamell-Toffees 122
– Hanuta-Kuchen 108
– Schnellste Schokomousse der Welt 99
– Schoko-Avocado-Tartelette 115
Sellerie
– Petersilien-Sellerie-Dip 52
– Selleriepüree 78
Senf, hausgemachter 31
Sesamkartoffeln à la Katrin 79
Shakshuka, Quasi- 93
Sommerrollen mit Quinoa und Sesam-Avocado 60
Sonnen-Smoothie 42
Spinat
– Flammkuchen mit Spinat und Feta 66
– Orangen-Spinat-Salat 96
– Quasi-Shakshuka 93
– Regenbogensalat 27
Sprossen
– Regenbogensalat 27
– Sommerrollen mit Quinoa und Sesam-Avocado 60
Starke Ritter 38
Suppen
– Fenchelsuppe 96
– Kalte Joghurt-Suppe 59
– Pastinaken-Kokos-Suppe 58
– Rinderbrühe mit Petersilienomelett 56

T

Trüffel-Garnelen-Risotto 77

V

Verdauungshelfer, kleiner 93
Verdauungstee 127

W

Wachmacher, quietschgrüner 42
Wohlfühlbällchen 47

Z

Zucchini
– Flammkuchen mit Zucchini und Kartoffeln 65
– Zudeln mit Lachs 84

Bibliografische Information der Deutschen Nationalbibliothek
Die Deutsche Nationalbibliothek verzeichnet diese Publikation in der Deutschen Nationalbibliografie; detaillierte bibliografische Daten sind im Internet über http://dnb.d-nb.de abrufbar.

Programmplanung: Uta Spieldiener
Redaktion: Annette Barth, Hamburg
Bildredaktion: Christoph Frick

Umschlaggestaltung und Layout:
CYCLUS Visuelle Kommunikation, Stuttgart

Bildnachweis:
Umschlagfoto: Marta Greber, Berlin
Fotos im Innenteil:
alle Rezeptefotos: Marta Greber, Berlin
alle weiteren Fotos: Maria Köhler, Berlin
Das Rezept zum Coverfoto finden Sie auf S. 115

1. Auflage 2015

Oswald-Hesse-Straße 50, 70469 Stuttgart

Printed in Germany

Satz und Repro: Fotosatz Buck, Kumhausen
Gesetzt in: Adobe InDesign CS6
Druck: AZ Druck und Datentechnik GmbH, Kempten

Gedruckt auf chlorfrei gebleichtem Papier

ISBN 978-3-8304-8101-0

Auch erhältlich als E-Book:
eISBN (PDF) 978-3-8304-8102-7
eISBN (ePub) 978-3-8304-8103-4

1 2 3 4 5 6